Arena-Taschenbuch

Band 2810

Willi Fährmann,
geboren 1929 in Duisburg, lebt heute in Xanten am Niederrhein.
Mit seinem Gesamtwerk, für das ihm neben zahlreichen
Einzelauszeichnungen der »Große Preis der Deutschen Akademie
für Kinder- und Jugendliteratur« verliehen wurde,
gehört er zu den profiliertesten Autoren
der deutschen Kinder- und Jugendliteratur.
Seine im Arena Verlag erschienenen Bücher haben
die Millionenauflage bereits weit übertroffen.

Willi Fährmann

Ein Stern
ist aufgegangen

Geschichten zur Advents- und Weihnachtszeit

Illustriert von Dorothea Göbel

Arena

In neuer Rechtschreibung

1. Auflage als Arena-Taschenbuch 2003
© 1998 by Arena Verlag GmbH, Würzburg
Quellenhinweise am Schluss des Buches
Einband und Illustrationen von Dorothea Göbel
Gesamtherstellung: Westermann Druck Zwickau GmbH
ISSN 0518-4002
ISBN 3-401-02810-3

Inhalt

WILLI FÄHRMANN

Barbara und die Bergleute

er alte Antonius Faller hatte damals damit angefangen, den Schacht in die Erde zu treiben und die Kohlen zu fördern. Er nannte seine Grube »Fröhliche Morgensonne«. Später sind seine Söhne August und Andreas und noch ein paar andere junge Männer aus der Fallerfamilie mit ihm eingefahren. Sie haben gute Kohlenflöze gefunden und viel von dem schwarzen Gold ans Tageslicht gebracht. Der Antonius Faller kannte sich gut aus da unten im Schacht und brachte seinen Söhnen und den anderen Männern alles bei, was ein Bergmann können muss. Er war ein starker Mann und konnte einen eisernen Nagel mit der bloßen Hand krumm biegen.

Aber schließlich ist er alt geworden. Die schwere Arbeit und die ständige Feuchtigkeit da unten vor der Kohle, die haben ihm den Rücken krumm gezogen und das Atmen schwer gemacht. Seine Söhne haben ihm eines Tages die Hacke aus der Hand genommen und gesagt: »Vater, du hast genug gearbeitet. Bleib zu Hause und mache dich nicht kaputt.«

Antonius hat dann im Sommer oft auf der Bank vor dem Haus gesessen und sich die Sonne auf den krummen Rücken scheinen lassen. Im Winter war sein Platz nahe am

Ofen. »Die Wärme tut den alten Knochen gut«, hat er gesagt. Sooft es ging, hat sich seine Enkelin Anna neben ihn gesetzt.

Einmal, es war am Morgen des 4. Dezember, nahm er ein Messer und schnitt einen Kirschzweig vom Baum.

Da fragte die Anna ihn: »Warum machst du das? Die Zweige sind doch dürr.«

»Heute ist Barbaratag«, antwortete Antonius.

»Und?«, fragte Anna. »Was hat das mit dem Zweig zu tun?«

»Na«, sagte Antonius, »den stell ich ins Wasser und dann wird er Weihnachten blühen.«

»Ach, Opa, hör auf mit deinen Lügengeschichten. Immer erzählst du mir solche Sachen. Erzähl lieber wahre Geschichten.«

Antonius war beleidigt und schwieg. Aber Anna ließ nicht nach ihn zu bitten.

Die Oma unterbrach ihre Erzählung, strich der Bärbel über das Haar und sagte: »Sie war genauso beharrlich wie du, Bärbel, wenn du eine Geschichte von mir hören willst.«

»Weiter, Oma, erzähl weiter«, bat Bärbel.

Die Oma fuhr fort:

Da sagte Antonius schließlich: »Soll ich dir von dem Grubenpferd Hektor erzählen? Das ist drüben im Nachbardorf von einem Bergmann im Zorn erschlagen worden. Jahre später hat man Hektor als Pferdegeist durch die Stollen galoppieren hören.«

»Opa, bitte, bitte. Wahre Geschichten.«

Antonius schmunzelte:

»Na ja«, gab er zu, »ob das stimmt mit dem alten Gaul Hektor, das weiß ich auch nicht so genau. Aber ich werde dir von der heiligen Barbara erzählen, die vor vielen hundert Jahren gelebt hat.«

»Hör auf, Opa.« Anna wurde wütend. »Unser Lehrer hat gesagt, niemand weiß etwas Genaueres über Barbara. Vielleicht, hat er gesagt, vielleicht hat sie gar nicht gelebt.«

Antonius schimpfte: »Der Quatschkopf. Der will Lehrer sein und erzählt den Kindern so etwas. Wir Bergleute wissen besser über Barbara Bescheid als die meisten Lehrer.« Er stand auf, nahm ein Glas und stellte den Kirschzweig ins Wasser.

»Deine Geschichten von Barbara will ich erst glauben, wenn der tote Zweig an Weihnachten wirklich blüht«, bockte Anna und lief hinaus.

»Sie ist richtig störrisch«, brummte Antonius.

Vierzehn Tage später kamen die Bergleute ziemlich besorgt aus dem Schacht.

August und Andreas gingen zu ihrem Vater in die Stube und sagten: »Vater, irgendetwas stimmt nicht in unserer Grube. Wir arbeiten an einem dicken Kohlenflöz und schaffen viele Kohlen ans Licht. Aber irgendetwas stimmt nicht.«

»Habt ihr alles gut verbaut und abgestützt?«, fragte Antonius.

»Sicher, Vater, wie immer.«

»Ich fahre morgen selber mal ein«, sagte Antonius. »Ich schau's mir mal an.«

»Morgen ist Sonntag, Vater«, sagte Andreas.

»Macht nichts, Junge. Ich will ja nicht arbeiten. Ich will nur horchen und schauen.«

»Nun, wenn du meinst«, sagte Andreas.

Am nächsten Tag, gleich nach dem Mittagessen, zog Antonius seinen alten Arbeitsanzug an. Dann nahm er den Kirschzweig aus dem Wasser und schaute ihn an. Der Zweig hatte kleine grüne Knospen getrieben. »Ich nehme dich mit, weil heute Sonntag ist«, lachte Antonius und steckte sich den Zweig ins Knopfloch.

Am Schacht zündete er seine Öllampe an. Dann stieg er in den Korb und die Söhne ließen ihn in die Tiefe. Unten angekommen, kletterte er aus dem Korb. Das Grubenpferd Max begrüßte ihn fröhlich und wieherte. Antonius tätschelte ihm den Hals und sagte: »Du kennst mich noch, Max, nicht wahr?«

Antonius musste lange gehen. Die Söhne hatten den Stollen weit in den Berg getrieben. Immer wieder hob Antonius die Öllampe und prüfte, wie der Stollen abgestützt und verbaut war.

»Gut, gut«, murmelte er, »sie haben doch was gelernt vom alten Antonius.«

Endlich war er an dem Ort, wo die Kohle herausgebrochen wurde. Hier war Antonius weniger zufrieden. Er stieß mit dem Fuß an eine Blechtasse.

»Keine Ordnung«, schimpfte er vor sich hin. Dann sah er, dass die Tasse wohl absichtlich an die Stelle gestellt worden war, denn es tröpfelte Wasser von oben. Blubb, blubb, blubb. Immer genau in die Tasse hinein. Aber noch einmal maulte Antonius: »Keine Ordnung«, und hob einen Meißel vom Boden auf. »Alles lassen sie herumliegen. Sogar die Ölkanne haben sie einfach mitten im Stollen stehen lassen.« Er nahm die Kanne und stellte sie an die Seite. Dann prüfte er noch einmal die Stempel und Stützen und klopfte mit dem Meißel gegen das Holz.

»Singt doch gut«, sagte er. »Was mögen die gestern wohl im Berg gehört haben?«

Er lachte auf: »Ist sicher das Geisterpferd Hektor hier herumgestampft.«

Kaum hatte er das ausgesprochen, da lief ein scharfes Knistern durch das Gestein. Und dann brach es los, Bersten, Kreischen, Donnergrollen. Ein Windstoß wirbelte eine dicke Staubwolke heran und blies seine Lampe aus. Antonius hatte sich niedergeduckt und ganz klein gemacht. Er wusste es gleich, hinter ihm war der Berg gebrochen. Der Stollen war verschüttet. Mit zittrigen Fingern zündete er das Öllicht wieder an. Keine zehn Meter weiter waren die dicken Stempel zersplittert und herabgestürztes Gestein versperrte den Rückweg. Antonius begann wie irr die Brocken wegzuzerren, aber die Steine rutschten immer wieder nach. Bald hatte er sich die Hände an den scharfen Felsbrocken aufgerissen. Antonius hockte sich nieder. Als er wieder klare Gedanken fassen konnte, wusste er, dass es sinnlos war, auf diese Weise weiterzumachen. »Mit bloßen Händen schaffst du das nie«, murmelte er.

Er nahm den Meißel und klopfte gegen den Stein. Seine Söhne sollten ihn hören und ihn herausholen. Sie hatten ein Klopfzeichen vereinbart: lang, kurz, kurz, kurz, kurz, kurz, lang, lang, lang. Antonius hatte es selber vor Jahren ausgedacht. Man konnte es gut auf den Rhythmus vor sich hin sprechen: »Hei-li-ge Bar-ba-ra, steh uns bei!« Und so klopfte er in immer gleichen Abständen: Poch-pochpochpochpochpoch-poch-poch-poch. Außer diesem Signal und dem unablässigen Tropfen des Wassers war nichts zu hören. Antonius trank einen Schluck. Das Wasser schmeckte bitter. Sein Blick fiel auf den Kirschzweig an seiner Jacke.

»Du sollst nicht verdursten«, sagte Antonius und steckte den Zweig in die Tasse.

Die Stunden vergingen. Unablässig klopfte er. Zweimal hatte er schon Öl aus der Kanne in die Lampe gefüllt. Daran erkannte er, dass er schon über 20 Stunden in dem steinernen Gefängnis saß. Er wurde müde.

»Ich darf nicht einschlafen«, sagte er sich. »Sie müssen mein Zeichen hören. Sonst ist es aus mit mir.«

Er begann leise vor sich hin zu singen. Alle Lieder, die er kannte, sang er von der ersten bis zur letzten Strophe. Seine Stimme wurde rau.

»Wie gut, dass der Berg tropft«, sagte er und trank ab und zu ein Schlückchen von dem Bitterwasser. Gelegentlich nickte er ein, schrak aber nach einer Weile immer wieder auf und begann erneut das Signal zu klopfen.

Hei-li-ge Bar-ba-ra, steh uns bei! Poch-pochpochpoch-pochpoch-poch-poch-poch. Seine Handflächen brannten. In seinem Rücken zerrte das Rheuma. Antonius nahm die Tasse vom Boden auf, benetzte seine Lippen und schaute den Zweig an. Die Knospen waren dicker geworden.

»Ob ich je deine Blüten sehen werde?«, fragte Antonius und stellte die Tasse wieder an die Tropfstelle.

Von Stunde zu Stunde klang sein Klopfen leiser. Die Pausen wurden länger und länger.

»Gut, dass sie das Öl hier gelassen haben.« Er musste lachen. Das klang rau und heiser. »Manchmal ist die Unordnung doch ganz nützlich«, sagte er.

Wieder schlief er ein. Als er aufwachte, wusste er, dass er längere Zeit geschlafen hatte. Er begann erneut zu klopfen.

»Sie schaffen es nicht«, sagte er. »Sie kriegen mich hier

nicht heraus. Vielleicht ist der Stollen auf der ganzen Länge eingebrochen.«

Das Hungergefühl, das ihn in der ersten Zeit gequält hatte, war verschwunden. Er kam sich ganz leicht vor und manchmal war es ihm, als ob er wie eine Feder im Wind schwebte. Dann wieder sah er auch Wahngebilde. Ihm fiel ein, wie er damit begonnen hatte, den Schacht in die Erde zu treiben, und wie sie ihn alle für verrückt gehalten hatten. Aber dann kam die Kohle und viele hatten es ihm nachgemacht und nach den Schätzen im Berg gegraben. Immer wieder tanzten Lichter und Sterne vor seinen Augen und einmal glaubte er die heilige Barbara zu sehen. Von einem Lichtschein umgeben, stand sie da und stützte sich mit ihrem Arm auf einen Turm. Wieder pochte Antonius, kraftlos, langsam. Er wusste nicht mehr, wie lange er schon in dem Loch eingesperrt war. Das Öl in der Kanne ging zur Neige. Aber mit einem Mal zuckte er zusammen. Die Wahnbilder verflogen. Er hörte es deutlich: Poch-pochpochpochpochpoch-poch-poch-poch. Er antwortete und lauschte. Hatte er Gespenster gehört? Aber nein, wieder hörte er es. Nun ganz deutlich. Er flüsterte und pochte: »Hei-li-ge Bar-ba-ra, steh uns bei!«

Es dauerte noch Stunden. Aber jetzt schlief Antonius nicht mehr ein. Dann endlich, die blanke Spitze einer Brechstange glänzte im Schein der Öllampe.

»Vater, bist du da?«, schrie August.

»Ja, Junge, hier bin ich!«

Er griff nach dem Kirschzweig. »Danke, Barbara, danke«, flüsterte er.

»Wir holen dich gleich raus«, rief Andreas.

»Es wird auch Zeit«, murmelte Antonius.

Er versuchte aufzustehen, aber die Beine knickten ihm weg. Sie trugen ihn hinaus. In seiner Hand hielt er den Kirschzweig fest umklammert. Das Tageslicht blendete ihn. Er kniff die Augen zusammen. Da spürte er, wie seine Enkelin Anna ihn umarmte.

»Er blüht«, sagte sie leise, »wahrhaftig, der Barbarazweig blüht.«

Sie brachten Antonius in die Stube und betteten ihn auf die Bank am Ofen.

»Wie lange war ich da unten?«, fragte er.

»Sechs Tage und sechs Nächte, Antonius«, sagte seine Frau und träufelte mit einem kleinen Löffel Fleischbrühe auf seine Zunge.

»Morgen ist Weihnachten«, flüsterte Anna ihm ins Ohr, »und er blüht wirklich.«

Sie nahm dem Großvater den Zweig aus der Hand und stellte ihn in eine Vase.

»Wenn du ganz gesund bist, Opa, erzählst du mir dann wahre Geschichten von Barbara?«

»Ja, Anna, lauter wahre Geschichten«, murmelte er und schlief ein.

Die Großmutter schwieg. Bärbel hatte den Kopf in ihren Schoß geschmiegt. »Was waren denn das für Geschichten, Oma?«, fragte sie. »Was hat der Antonius der Anna erzählt?«

»Eine neue Barbarageschichte werde ich dir am nächsten Mittwoch erzählen«, versprach die Großmutter.

RAINER MARIA RILKE

Advent

Es treibt der Wind im Winterwalde
die Flockenherde wie ein Hirt
und manche Tanne ahnt, wie balde
sie fromm und lichterheilig wird;
und lauscht hinaus. Den weißen Wegen
streckt sie die Zweige hin – bereit,
und weht dem Wind und wächst entgegen
der einen Nacht der Herrlichkeit.

ALFRED POLGAR

Der Maronibrater

er Maronibrater zählte zu den Winterfreuden der Großstadtjugend. Sein eisernes, dampfumhülltes Öfchen, aus dem es rot hervorglühte, übte gleiche Anziehungskraft auf frierende, zerlumpte, strolchende Proletarierkinder wie auf feine Kinder, die an der Hand sorgsamer Mütter und Gouvernanten gingen, so gut gefüttert wie ihre Röckchen und Handschuhe.

Der Maronibrater war ein Bild aus dem Märchenbuch der Großstadt.

Zwei Kastanien kosteten einen Kreuzer. Das war ein so unverrückbarer Preis wie etwa der der Semmel. In vielen konzentrischen Halbkreisen lagen die braunen, mild duftenden Früchte mit geschlitzter Schale auf der Ofenplatte, die großen am linken, die kleinen am rechten Flügel massiert. Tüten aus Zeitungspapier waren vorbereitet. Ineinander gesteckt sahen sie lustig aus, wie die Hütchen, die der Clown im Zirkus mit dem Kopf auffängt, eines über dem andern.

Dann waren noch Kartoffeln da auf der Ofenplatte, einen Kreuzer das Stück, inklusive Salz, das in einem eigenen winzigen Tütchen gegeben wurde. Herrlicher Schmaus! Die dicke, geröstete Schale war das Beste. Die Kartoffel war so heiß, dass man jeden Bissen erst eine Zeit lang im offenen Mund auskühlen lassen musste. Auch Bratäpfel gab es beim Maronibrater, die dufteten wie Weihnachten. Auf der geplatzten Schale standen dicke, zuckersüße Tröpfchen, und wo nur ein kleiner Spalt an der Außenseite der Frucht war, dort quoll in weißen Schaumperlen der Saft hervor. Wo die Äpfel auf der Ofenplatte gelegen hatten, dort waren sie ganz schwarz, verbrannt. Aber gerade das schmeckte am köstlichsten. Einen Kreuzer kostete das Stück.

Der Maronibrater stand über sein Öfchen gebeugt und ordnete die Herrlichkeiten, wendete die Kartoffeln und Äpfel, dass sie gerechterweise überall gleichmäßig erhitzt würden, drehte Papiertüten, schob Kohle unter den Rost. Er trug gewöhnlich eine krümelige schwarze Pelzmütze. Der Hauch aus seinem Munde mengte sich mit dem Dampf, der von der Eisenplatte aufstieg, und sein Gesicht leuchtete feuerrot vom Glutwiderschein durch den Nebel. Wenn er gar nichts zu tun hatte, steckte er die Hände in die Taschen – ganz vornehme Maronibrater trugen einen Muff –, trat von einem Fuß auf den andern und rief: »Heiße Maroni!«, auch wenn weit und breit kein Passant in Sicht war.

Meistens aber hatte der Maronibrater Gesellschaft. Der Dienstmann und die Hökersfrau und der Droschkenkutscher wärmten sich die Hände über seinem gastlichen Feuer und besprachen die Härte der Zeiten. Was man so damals »harte Zeiten« nannte! Es war ein Stück häuslichen Idylls auf der winterlichen Straße, aufgebaut um das heilige Zentrum nordischer Geselligkeit: den Herd, den Ofen, die Flamme.

Heute hat der Maronibrater keine Kohlen, sondern heizt mit Holztrümmern. Auf seiner Ofenplatte liegen keine Kastanien und keine Kartoffeln, sondern Haselnüsse; und acht Stück der armseligen Dingerchen kosten zwanzig Heller! Es gibt auch Äpfel, zwanzig Heller das Stück. Verschrumpelte, kleine, unappetitliche Exemplare. Nicht gebraten, nur heiß gemacht. Die Kinder haben kein Interesse mehr für den Maronibrater und der Maronibrater keines für die Kinder. Er hat weder Pelzmütze noch Muff. In den ersten Abendstunden schon löscht er sein armseliges Feuerchen und legt den Ofen an eine eiserne Kette, damit er nicht von Dieben fortgeschleppt werden könne. Die dürfen heute auch nicht wählerisch sein.

Mir ist nicht um den Maronibrater leid, sondern um die Kinder. Sie wachsen in einer Stadt auf, die ihnen, wohin sie blicken, nur ein vergrämtes, finsteres, hartes Gesicht zeigt. Sie sind arm geworden. Auch in des Wortes Sinn: arm. Das Zehnhellerstück war Reichtum in der Hand des Großstadtkindes; es barg harmonische Möglichkeiten. Heute gibt's dafür: vier Haselnüsse.

Oder eine Extraausgabe.

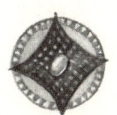

WILLI FÄHRMANN

Manchmal sprechen sie noch

er Pfarrer hatte es gesagt. Aber an diesem Sonntag war vielerlei anzusagen. Deshalb ging die Nachricht ein wenig unter, dass er heimgekehrt war. Eigentlich schade, denn er war lange Zeit fort gewesen. Ein paar Jahre hatte man nichts mehr von ihm gehört. Aber nun hatte er seinen angestammten Platz wieder eingenommen.

Als später nur noch wenige Menschen in der Kirche waren, ging ich zu ihm hinüber. Er stand dort, als ob er nie weg gewesen wäre. Doch, etwas war schon anders: Sein Mantel leuchtete in einem frischen Rot und die Borten glänzten wie neu vergoldet.

»Gut, dass du wieder da bist«, sagte ich leise.

»Tja, ich bin auch froh darüber.«

Zuerst starrte ich die Holzfigur erschrocken an. Dann schaute ich mich misstrauisch um. Wollte da einer einen Scherz mit mir treiben? Aber ich stand ganz allein, weit und breit kein Mensch.

Gerade wollte ich schon über mich lachen, da hörte ich die Stimme wieder, sie war ganz nah und ganz deutlich:

»Weißt du, es ist in der Werkstatt bei dem Restaurator ziemlich langweilig. Da bin ich doch lieber hier in der Kirche.«

»Ach, ja?«, sagte ich zaghaft.

»Es bleibt der eine oder andere bei mir stehen. Gelegentlich hat einer etwas auf dem Herzen und ich überlege, wie ich helfen kann!«

»Das Helfen«, sagte ich, »das ist ja deine Spezialität.«

»Stimmt«, gab er zu. »Früher kamen oft Schiffer zu mir, Kaufleute auch. Aber das ist heute selten geworden. Nur die Kinder kennen mich noch und freuen sich auf meinen Tag.«

Ich fragte ihn entschlossen: »Ich wollte eigentlich immer schon wissen, wie das damals in Myra gewesen ist.«

»Ich war lange Bischof in Myra. Es gäbe viel zu erzählen. Was genau willst du wissen?«

»Zum Beispiel das mit der Hungersnot. Als die Menschen in der Gegend von Myra viele Wochen lang nichts zu beißen hatten.«

»Das war tatsächlich schlimm. Heute kann man das den Menschen kaum noch verständlich machen. Wer kennt hierzulande denn wirklich den Hunger? Den wütenden Schmerz zuerst, die Schreie nach Brot, die allmähliche Ermattung, den Hungertod schließlich. Und genauso war es damals in Myra.«

»Und dann kamen die Getreideschiffe, die für eine Nacht im Hafen ankern wollten«, sagte ich eifrig.

»Du kennst dich ja gut aus. Aber es war so, wie du sagst. Die Schiffe waren auf der Durchfahrt nach Konstantinopel, sollten Getreide in die Kaiserstadt bringen. Der Kapitän wollte jedoch keinen einzigen Sack Korn an uns verkaufen. Er war ein Hasenfuß. ›Wenn etwas von meiner Ladung fehlt‹, sagte er, ›dann lässt mich der Kaiser ins Gefängnis werfen.‹«

»Und das Wunder?«, fragte ich neugierig. »Wie war das mit dem Wunder?«

»Nun, das größte Wunder war, dass der Kapitän seine Angst überwand. Schließlich hat er erlaubt, dass einige Männer von uns an Bord kommen durften. Er zeigte ihnen die Kornsäcke, die sie in die Stadt schleppen durften. Es war ziemlich viel Korn und es hat gereicht, bis endlich wieder Regen fiel in unseren Gärten und auf den Feldern neue Nahrung wuchs.«

»Und der Kapitän hat mir nichts, dir nichts seinen Sinn geändert?«

»Nein, mein Lieber. Den Sinn ändern, das geht bei niemand leicht. Ich habe ihn in jener Nacht in Myra herumgeführt. Er hat die hungernden Menschen gesehen, hat das Elend gerochen, das Wimmern der Kinder gehört. Dann habe ich ihm von dem Jungen erzählt, damals, als Jesus mit den vielen tausend Menschen in der Steppe war. Kaum einer hatte etwas zu essen mitgenommen. Hunger hatten sie alle. Der Junge hätte seine Fladenbrote und die paar kleinen Fische, die er in seiner Tasche mit sich trug, für sich allein behalten können. Nein, als Jesus fragte, da hat er sie angeboten, wollte teilen. Das war auch ein Wunder. Aber als Jesus Brot und Fische gesegnet hatte, als alle davon gegessen hatten und satt geworden waren, als nach alldem noch zwölf Körbe voll übrig geblieben sind, ich glaube, da haben damals alle gespürt, wie wichtig das Teilen ist.«

»Und der Kapitän?«

»Dem ist diese Nacht in Myra und auch die Geschichte vom Brotwunder an die Nieren gegangen. Er hat erkannt, wie steinhart er sein Herz gemacht hatte. Und, wie du sagtest, er hat seinen Sinn geändert.«

»Wirklich, ein Wunder«, gab ich zu. Aber dann fiel mir ein, was sonst noch erzählt wird, und ich fragte weiter: »Man sagt, dass das Schiff nicht höher aus dem Wasser herausgestiegen ist, obwohl die Ladung doch leichter und leichter wurde, je mehr Säcke die Männer wegschleppten.«

»Darüber haben in der Tat alle gestaunt. So viel Korn die Männer auch in die Stadt trugen, an der Ladung fehlte nichts, überhaupt nichts.«

»Wie ist das denn zu verstehen?«, fragte ich und konnte einen Zweifel nicht unterdrücken.

Nikolaus schmunzelte. »Für mich war das, was ich mit dem Kapitän erlebt hatte, viel erstaunlicher. Aber die Leute erzählten sich bald eine Geschichte, die mit dem Schiff zu tun hatte. Sie sagten, die Männer von Myra seien schweren Herzens auf das Schiff gegangen. Als sie das Korn hinabtragen durften, seien ihre Sorgen und Nöte auf dem Schiff zurückgeblieben. Und diese hätten das fehlende Korn aufgewogen.«

»Wirklich eine erstaunliche Geschichte. Aber da sind doch auch noch die Rettung aus Seenot, die mit Nikolaus zu tun hat, und die Wiederbelebung der drei Schüler . . .«

Nikolaus lachte jetzt ganz vernehmlich. »Nicht alles an einem Tag, mein Lieber! Geschichten muss man bedenken. Komm an einem anderen Tag wieder!«

Vielleicht hätte ich das Gespräch noch fortgesetzt. Aber da kam ein älterer Mann herbei und fragte vorwurfsvoll: »Finden Sie es richtig, in der Kirche so laut zu lachen?«

Eigentlich wollte ich sagen: »Warum denn nicht?«

Aber dann wies ich mit dem Daumen auf die Nikolausfigur und sagte: »Der war's.«

Der Mann schüttelte den Kopf und zeigte mir mit dem Finger einen Vogel. Wenn der wüsste!

Timofej, der Bilderdieb

 imofej Tutalew aus Omsk in Sibirien war ein äußerst leichtsinniger junger Mann. In einer wüsten Nacht im Jahre 1797 hatte er im Spiel seinen gesamten Besitz verloren. Doch dann fasste er eine Gelegenheit beim Schopfe, wieder zu Geld zu kommen. Der reiche Pelzhändler Fjodor Popolow hatte gehört, dass in Nishnij-Nowgorod eine wunderbare Nikolausikone gemalt worden war. Man sagte, vor diesem Bild würden sich dann und wann Wunder ereignen. Gern hätte Fjodor dieses wundertätige Bild erworben. Aber Nischnij-Nowgorod war weit, unendlich weit. Der Ritt in diese Stadt würde Wochen und Monate dauern und es war ein gefährlicher Weg.

Deshalb bot er dem, der sich aufmachen wollte, 3 000 Goldrubel Botenlohn und für die Ikone wollte er die unvorstellbar hohe Summe von 10 000 Rubel zahlen.

Timofej erklärte sich bereit und brach auf. Unterwegs verlockte ihn immer stärker der Gedanke »Wenn ich die Ikone nicht kaufen, sondern stehlen würde, dann könnte ich mir die 10 000 Rubel in die eigene Tasche stecken und wäre reicher als zuvor«.

Der Diebstahl gelang. Eilends verließ Timofej die Stadt. Erst am folgenden Abend suchte er sich ein Quartier in einem Dorfgasthaus. Er fand in der Ecke der Gaststube einen Platz im Halbdunkel, abseits der Gäste, bestellte ein gutes Essen und trank ein Glas Wein dazu. Jetzt lockte es Timofej, seinen Raub richtig anzusehen. Er fühlte sich unbeobachtet. Wie unter einem geheimen Zwang zog er vorsichtig die Ikone aus dem Lederfutteral, rückte eine Lampe näher zu sich heran und betrachtete das Bild lange und voller Genugtuung über die gelungene Diebestat. Timofej zuckte zusammen, als ein alter Mann ihn ansprach. Er hatte gar nicht bemerkt, dass jemand an seinen Tisch getreten war.

Der Alte sagte: »Was hast du da? Ist das ein Bild?«

Timofej begriff, dass er sich nur verdächtig machen würde, wenn er die Ikone hastig wegsteckte. »Ja, es ist, wie du siehst, ein Bild«, antwortete er. »Es hat viele Jahre bei mir zu Hause an der Wand gehangen. Ich will meine Schwester in Perm besuchen. Das Bild ist mein Geschenk für sie.«

Der Alte fragte: »Ist es das Bild eines Heiligen?«

Timofej wunderte sich über die Frage und schaute den Alten an. Der beugte sich zu ihm nieder. Sein Atem roch nach Schnaps. Timofej sah, dass seine Augen getrübt waren.

»Ich habe den grünen Star«, fuhr der Mann fort. »Ich sehe die Welt nur in Umrissen und wie durch einen milchigen Schleier.«

Timofej atmete auf. Nie würde der Alte das Bild be-

schreiben können, selbst wenn man in diesem Nest fern-
ab aller großen Straßen danach suchen sollte. Während
sich Timofej die Antwort noch überlegte, starrte der
Mann auf die Ikone und sagte schließlich: »Leihe mir
deine Augen und schildere, was sie sehen.«

»Nun«, antwortete Timofej, »es ist ein Nikolausbild wie
hunderttausend andere auch in unserem Land. Der Heilige ist in der Mitte dargestellt und . . .«

». . . rundum sieht man sechzehn kleine Bilder aus seinem Leben«, ergänzte der Alte.

»So ist es«, bestätigte Timofej und verschwieg wohlweis-
lich, dass seine Ikone nur acht Bildchen auf ihrem Rand
zeigte. »Aber woher weißt du das so bestimmt?«

»Genau solch ein Bild besitzt unsere Familie auch. –
Bitte, beschreibe mir eines der kleinen Bilder genauer.
Was siehst du?«

Timofej fand den Mann zudringlich, antwortete aber
doch. »Hier zum Beispiel«, er führte den Finger des
Mannes absichtlich auf eine falsche Stelle des Bildes,
»hier sieht man Nikolaus vor drei Mädchen stehen.«

»Ich nehme an«, sagte der alte Mann und hockte sich
neben Timofej auf die Bank, »du kennst die Geschichte,
die dieses Bild erzählt?«

»Nein«, sagte Timofej und fuhr dann wie entschuldi-
gend fort: »Im Volk erzählt man sich tausend Geschichten. Ich hatte etwas Besseres zu tun, als meine Zeit mit
Zuhören zu vergeuden.«

»Vergeuden?« Der Alte schien empört. »Du glaubst wirklich, mit Geschichten wird die Zeit vergeudet? Geschichten, mein Herrchen, Geschichten sind ein Trost für die Menschen. In jeder guten Geschichte erkennt man sich selbst ein bisschen besser.«

Timofej schwieg dazu.

Der Alte tippte nun mit seinem Finger auf das Bild und sagte: »Na, hier jedenfalls siehst du, wie der heilige Nikolaus den drei armen Mädchen in Myra dazu verholfen hat, einen Mann zu bekommen.«

»Einen Mann?«, fragte Timofej und lächelte spöttisch.

»Ja, wirklich«, antwortete der alte Mann. »Ich kann dir eine wunderbare Geschichte darüber erzählen. Aber du müsstest mir schon einen Krug Bier einschenken lassen und einen Wodka dazu. Das schmiert die Stimme.«

Timofej dachte: Na schön, so höre ich mir an, was er zu sagen hat. Er verbarg die Ikone wieder in dem Beutel und rief nach dem Wirt. Der brachte Bier und Schnaps und sagte: »Na, du alter Saufkopf, hast du wieder einmal einen gutmütigen Menschen erwischt, der die Zeche bezahlt?«

Der Alte antwortete nicht darauf, trank den Wodka, setzte den Bierkrug an die Lippen und leerte ihn in einem Zug. Dann wischte er sich den Schaum aus dem Bart und begann zu erzählen.

»Es lebte einst ein Kaufmann in Myra, dem die Frau gestorben war. Er war darüber so verzweifelt, dass ihm die Geschäfte gleichgültig wurden. Oft und oft saß er in den Kneipen und versuchte seinen Kummer zu ertränken. Forderte ihn jemand zum Kartenspiel auf, dann ließ er sich nicht lange bitten. Er spielte jedoch so nachlässig, als wäre es ihm ganz gleich, ob er gewann oder verlor. So verschleuderte er in kurzer Zeit sein Hab und Gut.

Nun hatte der Kaufmann drei Töchter. Jede von ihnen hätte gern einen guten Mann geheiratet. Aber in Myra war es üblich, den Töchtern eine reiche Aussteuer mit in die Ehe zu geben, und dazu fehlte dem Kaufmann das Geld. Er kam auf den bösen Gedanken, die jüngste der Töchter auf dem Sklavenmarkt zu verkaufen, um mit dem Erlös die beiden älteren verheiraten zu können. Davon hörte der Bischof von Myra, der heilige Nikolaus. Eilends lief er zu seinen Freunden und sammelte Geld. Er sagte, es sei für einen Menschen in großer Not, und wenn es möglich sei, möchten sie ihm ein Goldstück geben. Am Abend hatte er einen ganzen Beutel voll davon beisammen. Heimlich schlich er sich in den Garten hinter das Haus des Kaufmannes und warf den Beutel durch das geöffnete Fenster in das Zimmer des Mädchens.

Der Kaufmann dankte dem Himmel für diese Gabe. Seiner ältesten Tochter richtete er eine fröhliche Hochzeit aus und gab ihr die notwendige Aussteuer. Doch für die zweite Tochter reichte es nicht mehr. Nikolaus machte sich ein weiteres Mal zum Bettler und alles verlief so, wie es zuvor gegangen war. Weil nun die jüngste Tochter auch einen Mann bekommen sollte, sprach Nikolaus zum dritten Male bei seinen Freunden vor. Einige schauten schon ärgerlich, aber weil Nikolaus sagte, es gehe um eine Sache auf Leben und Tod, kam doch das Gold zusammen. Diesmal aber hatte sich der Kaufmann auf die Lauer gelegt. Als der Bischof den Beutel durch das Fenster geworfen hatte, trat er hinter einem Busch hervor und hielt seinen Wohltäter am Mantelzipfel fest. Doch der schlüpfte schnell heraus, ließ den Mantel in den Händen des Kaufmanns zurück und machte sich in der Dunkelheit davon.

Am nächsten Abend, als der Wind vom Meer her kühl durch die Straßen wehte, legte sich der Kaufmann den Mantel um und eilte in eine Weinschenke. Der Wirt erkannte den Bischofsmantel und sagte: ›Bist du schon so weit heruntergekommen, dass du unserem Bischof den Mantel stiehlst?‹

Da erschrak der Kaufmann. Jetzt wusste er, wer ihm geholfen hatte. Er trug den Mantel zum Haus des Bischofs, faltete ihn zu einem Bündel und legte ihn auf die Türschwelle. Er schämte sich ihn dem Bischof selber zu geben. Doch es war, als ob Nikolaus den Kaufmann erwartet hätte. Es öffnete sich die Tür und Nikolaus bat ihn ins Zimmer. Sie sprachen lange miteinander.

Mit einem Male sah der Kaufmann sein liederliches Le-

ben vor sich und es reute ihn, dass er den Töchtern ein
so schlechter Vater gewesen war. Er warf sich vor dem
Bischof auf die Knie, doch der zog ihn empor und sagte:
›Mit Geld und Gold kommt viel Unglück in die Welt.
Aber dann und wann kann man damit Not lindern und
Leben retten. Danke nicht mir, sondern denke an den,
der uns mahnt ein Leben voller Liebe und Güte zu füh-
ren‹ – und dabei zeigte Nikolaus zum Himmel hinauf.
Von diesem Tag an änderte der Kaufmann sein Leben.
Und die Leute von Myra wussten nicht genau, wem Ni-
kolaus mehr geholfen hatte, den Töchtern oder ihrem
Vater.«

Timofej hatte dem Alten erst gleichgültig zugehört. Dann
packte ihn die Geschichte, ja, er drängte den Alten nun:
»Und was ist mit den anderen Bildern? Es sind doch sicher noch mehr Geschichten aus den Bildern zu lesen.«
»Ich denke schon«, gab der Alte zu. »Doch für heute
ist's genug. Das Bier hat mich müde gemacht. Außerdem
sind es Geschichten, die man im Innern erwägen muss.«
Er stand auf. »Ich lege mich aufs Ohr«, sagte er. »Morgen Früh ist die Nacht herum.« Er tastete sich auf unsi-
cheren Beinen durch die Gaststube.
Lange noch saß Timofej am Tisch, nickte mehrmals ein
wenig ein, aber bis in den Schlaf hinein beschäftigte ihn
diese Nikolausgeschichte. Irgendwie spürte er dunkel,
dass er mit seinem Leichtsinn dem Kaufmann ähnlich

war. »Was hat der Alte gesagt?«, murmelte er. »In jeder guten Geschichte erkennt man sich selbst ein bisschen besser.« Er dachte: Bei mir fängt's schon an, und er lachte über sich. Doch zum ersten Male seit dem Beginn seines Weges im Omsk war er nicht mehr ganz mit dem zufrieden, was er getan hatte.

IRIS MAINKA

Das Dumme an Weihnachten

 s war einmal ein kleiner Junge, der wusste schon ganz lange vor Weihnachten, dass bald Weihnachten sein würde. Woher er das wusste? Das war nicht schwer zu merken, denn in den Straßen leuchteten tausend Lichter, in den Kaufhäusern hingen Tannenbäume von den Decken und seine Mutter schimpfte im Drogeriemarkt, dass vor lauter Adventsskrempel überhaupt kein Durchkommen mehr sei.

Da wurde der kleine Junge immer aufgeregter und auch ein bisschen blasser und fragte siebzehnmal pro Tag, wann denn endlich das Warten auf Weihnachten, der Advent, beginne. Um ihm die Zeit ein bisschen abzukürzen, erzählte ihm seine Mutter von dem Jungen Jeremy James, der schon vor langer Zeit herausgefunden hatte: Das Dumme an Weihnachten ist die Zeit dazwischen. Zwischen irgendwann und Weihnachten, denn »wenn nichts dazwischen wäre, hätten wir jetzt Weihnachten und ich brauchte nicht auf meine Geschenke zu warten«.

Das fand der kleine Junge auch und die Zeit war immer noch so furchtbar lang. Da erzählte die Mutter weiter: von dem Nikolaus, der über Nacht komme und ihm et-

was in den Stiefel stecke, falls er nicht vergesse ihn vor
die Tür zu stellen. Der kleine Junge guckte besorgt,
denn alles, was über Nacht passieren kann, ist ihm sehr
unheimlich. Dann aber dachte er ans vergangene Jahr,
an die Marzipankartoffeln und Schokoladenkugeln in
Papas Skistiefel, den er hatte ausleihen dürfen, weil der
am allergrößten war. Da fand er den Nikolaus wieder
sympathischer. Immer wieder wachte er nachts auf, weil
er im Treppenhaus Schritte gehört hatte.

Ein bisschen unausgeschlafen fühlte sich die Mutter in
dieser Zeit, aber das ging ihrem Sohn ähnlich. Im Kindergarten sang er täglich Morgenkinderwird'swasgeben
und stritt sich mit einem anderen kleinen Jungen, des-
sen Mutter behauptet hatte, der Nikolaus komme durch
den Schornstein. Das empörte ihn, denn der Nikolaus
sei doch viel zu groß und sein Sack viel zu dick, um
durch den engen Schornstein zu passen. Die Mutter gab
ihm Recht und dachte darüber nach, dass die Weihnachtszeit erst mit Kindern wieder so richtig schön sei.
Abends las sie dem kleinen Jungen ein Bilderbuch vor,
die Geschichte von dem Zoo-Pinguin, der zum Nordpol
fährt, um den Weihnachtsmann zu besuchen. Als sie zu
Ende waren, saß der kleine Junge eine Zeit lang ganz
still, was selten genug vorkommt, und sagte dann fast
weinerlich: »Aber, Mama, du hast mir erzählt, der Weihnachtsmann wohnt im Himmel bei den Engeln und die
backen jetzt ganz viele Plätzchen und der Weihnachts-

mann darf als Einziger naschen. Und von einem Schlitten mit Rentieren davor und dem Nordpol mit Eis und Schnee hast du überhaupt nichts erzählt.«

Da saß die Mutter auch ganz still und fand, dass die Zeit dazwischen wirklich ganz schön lange sei, aber das sagte sie nicht. Sondern murmelte was von Dingen, die auch die Erwachsenen nicht so genau wüssten.

»Und warum«, beharrte der kleine Junge, »haben wir dann meinen Wunschzettel auf die Fensterbank gelegt und Himmelspforte 7 draufgeschrieben, wenn du die Adresse auch nicht so genau weißt? Und warum sagt die Oma, dass bald das Christkind kommt und die Geschenke bringt? Das liegt doch in der Krippe mit Heu und ist noch ein Baby. Muss dann der Gott die Geschenke mit tragen helfen? Und fährt der mit dem Jesusbaby auch auf einem Rentierschlitten?«

Doch noch bevor die Mutter all die möglichen Antworten in ihrem Kopf hin- und herdrehen konnte, waren dem kleinen Jungen die Augen zugefallen, und das war vielleicht auch besser so. Seine Mutter saß ratlos auf der Bettkante und wusste nicht mehr aus noch ein inmitten all der Weihnachtsgeschichten. Und wenn nicht endlich Heiligabend geworden ist, dann sitzt sie heute noch da.

TRUMAN CAPOTE

Der silberne Krug

ach der Schule arbeitete ich immer im Wal-
halla-Drugstore. Er gehörte meinem Onkel,
Mr Ed. Marshall. Ich nenne ihn Mr Mar-
shall, weil alle, einschließlich seiner Frau, ihn Mr Marshall nannten. Trotzdem war er ein netter Mensch.

Sein Drugstore war vielleicht ein bisschen altmodisch,
aber er war groß und dunkel und kühl: Während der
Sommermonate gab es keinen angenehmeren Ort in der
ganzen Stadt. Wenn man hineinkam, stand zur Linken
der Ladentisch für Tabakwaren und Zeitschriften, hinter
dem Mr Marshall gewöhnlich saß: ein untersetzter Mann
mit einem viereckigen geröteten Gesicht und einem
gezwirbelten, männlichen weißen Schnurrbart. Dem Ladentisch gegenüber stand die prächtige Sodabar. Sie war
sehr alt und aus feinem gelblichem Marmor hergestellt,
der sich ganz glatt anfühlte, aber nicht mit billiger Gla-
sur überzogen war. Mr Marshall hatte sie 1910 auf einer
Auktion in New Orleans erstanden und war sehr stolz darauf. Wenn man auf einem der hohen, schlanken Hocker
saß und über die Bar blickte, konnte man sich ver-
schwommen wie bei Kerzenlicht in einer Reihe alter
Mahagonispiegel betrachten. Auch die einfache Ware
war in Vitrinen untergebracht, hinter Glastüren, die mit

Messingschlüsseln verschlossen waren. Diese Vitrinen sahen aus, als enthielten sie kostbare Raritäten. Es lag immer ein Geruch von Sirup, Muskatnuss und anderen köstlichen Dingen in der Luft.

Im Walhalla traf sich die ganze Wachata County, bis ein gewisser McPherson in die Stadt kam und einen zweiten Drugstore eröffnete, auch auf dem Rathausplatz, direkt gegenüber. Dieser Rufus McPherson war ein ganz gemeiner Kerl; er nahm meinem Onkel nämlich die Kundschaft fort. Er richtete sich sehr modern ein, hatte zum Beispiel elektrische Ventilatoren und farbige Glühbirnen; er trug den Vorüberfahrenden die Waren ans Auto und machte gegrillte Käse-Sandwiches auf Bestellung. Wenn auch manche Mr Marshall treu blieben, die meisten konnten Rufus McPherson doch nicht widerstehen.

Eine geraume Zeit versuchte Mr Marshall ihn zu übersehen: Wenn man McPhersons Namen erwähnte, ließ er so etwas wie ein Schnauben vernehmen, zwirbelte seinen Schnurrbart und blickte fort. Aber man sah, dass er wütend war. Und er wurde immer wütender. Eines Tages dann, es war so Mitte Oktober, kam ich ins Walhalla und sah ihn an der Bar sitzen, Domino spielen und mit Hamurabi Wein trinken.

Hamurabi war ein Ägypter und so etwas Ähnliches wie ein Dentist, wenn er auch nicht viel zu tun hatte, denn die Leute haben hier in der Gegend ungewöhnlich gesunde Zähne, die sie einem besonderen Stoff, den das

Wasser enthält, zu verdanken haben. Die meiste Zeit lungerte er im Walhalla herum und er war der beste Freund meines Onkels. Es war ein hübsches Mannsbild, dieser Hamurabi, dunkelhäutig und fast zwei Meter groß. Die Mütter unserer Stadt steckten ihre Töchter hinter Schloss und Riegel und machten ihm selber schöne Augen. Er hatte überhaupt keinen fremden Akzent und ich war immer der Überzeugung, dass er so wenig ein Ägypter war wie der Mann im Mond.

Jedenfalls tranken sie da nun in großen Zügen roten italienischen Wein aus einem Vier-Liter-Krug. Es war ein betrüblicher Anblick, denn Mr Marshall war weit und breit als Antialkoholiker bekannt. So war natürlich mein erster Gedanke: Oh Himmel, Rufus McPherson hat es also doch geschafft. Das war aber gar nicht der Fall.

»Komm her, mein Sohn«, sagte Mr Marshall, »und trink ein Glas Wein mit uns.«

»Ja«, sagte Hamurabi, »du musst uns helfen ihn leer zu machen. Er ist aus dem Laden, wir können ihn nicht verkommen lassen.«

Viel später, als der Krug geleert war, nahm Mr Marshall ihn auf und sagte: »Na, wir werden ja sehn!« Und damit verschwand er in den Nachmittag.

»Wo will er denn hin?«, fragte ich.

»Tja«, war alles, was Hamurabi antwortete. Es machte ihm Spaß, mich zu foppen.

Eine halbe Stunde verstrich, ehe mein Onkel wiederkam. Er ging ganz krumm und stöhnte unter der Last, die er trug. Er stellte den Krug auf die Bar, trat zurück und rieb sich lächelnd die Hände. »Nun, was haltet ihr davon?«

»Hm«, schnurrte Hamurabi.

»Oje . . .«, sagte ich.

Es war derselbe Weinkrug, bei Gott, aber er hatte sich inzwischen wunderbar verändert; denn er war jetzt bis zum Rand mit Fünf- und Zehncentstücken voll gepfropft, die matt durch das dicke Glas schimmerten.

»Hübsch, was?«, sagte mein Onkel. »In der First National habe ich das machen lassen. Größere Stücke als Fünfer gingen nicht rein. Aber es ist trotzdem 'ne Menge Geld drin, das kann ich euch sagen.«

»Aber was soll das, Mr Marshall?«, sagte ich. »Ich meine, was hat das für einen Sinn?«

Mr Marshalls Lächeln ging in ein Grinsen über. »Das hier ist ein Krug voll Silber, man könnte sagen . . .«

»Das Schüsselchen am Ende des Regenbogens«, unterbrach Hamurabi.

». . . und der Sinn, wie du es nennst, ist der, dass die Leute raten sollen, wie viel Geld da drin ist. Sagen wir zum Beispiel, du kaufst etwas für fünfundzwanzig Cent – gut, damit erwirbst du dir die Chance, zu raten. Und ich werde bis zum Heiligen Abend alle Zahlen in mein Hauptbuch eintragen. An diesem Abend aber bekommt derjenige, der der richtigen Summe am nächsten kommt, den ganzen Ramsch.« Hamurabi nickte feierlich. »Er spielt den Weihnachtsmann – einen ganz schön gerissenen Weihnachtsmann«, sagte er. »Ich geh jetzt nach Haus und schreib ein Buch: Der raffinierte Mord an Rufus McPherson.« Um die Wahrheit zu sagen, er schrieb wirklich manchmal Gedichte und schickte sie an verschiedene Magazine. Aber sie kamen immer wieder zurück.

Es war überraschend und kam einem Wunder gleich, wie die Wachata County den Krug aufnahm. Seit den Tagen des Bahnvorstehers Tully, der armen Seele, hatte das Walhalla kein solches Geschäft mehr gemacht. Tully war damals plötzlich verrückt geworden und hatte überall verbreitet, er habe hinter dem Bahnhof Öl entdeckt, was zur Folge hatte, dass die Stadt von wilden Ölsuchern überschwemmt wurde. Sogar die größten Trunkenbolde, die nie einen Cent für etwas anderes ausgaben als für Whisky oder Weiber, hielten jetzt ihr Geld zusammen und legten es in Milchmischgetränken an. Ein paar ältliche Damen missbilligten zwar öffentlich Mr Marshalls Unternehmen als eine Art von Glücksspiel, aber sie machten uns weiter keine Schererereien, und einige kamen uns sogar gelegentlich besuchen und wagten mitzuraten. Die Schulkinder waren ganz besessen von der Sache und ich wurde bei ihnen sehr beliebt, weil sie dachten, ich wüsste die richtige Antwort.

»Ich will dir sagen, warum das alles so ist«, sagte Hamurabi und zündete sich eine der ägyptischen Zigaretten an, die er sich von einer New Yorker Firma mit der Post schicken ließ. »Es ist nämlich nicht das, was man zunächst annehmen könnte; mit anderen Worten, es ist nicht Habgier. Nein, es ist das Geheimnis, das einen solchen Zauber verbreitet. Man braucht sich ja bloß mal diese Fünf- und Zehncentstücke anzuschauen. Was denkt man dabei: Ah, so viel! Nein, nein. Man denkt: Ah, wie viel? Und das ist in der Tat eine tiefgründige Frage. Für jeden bekommt sie eine andere Bedeutung. Verstehst du?«

Und Rufus McPherson war vielleicht empört! Wenn man ein Geschäft hat, rechnet man um die Weihnachtszeit mit einem großen Teil seines jährlichen Verdienstes und gerade jetzt tat er sich schwer einen Kunden zu finden. So versuchte er das mit dem Krug nachzumachen; aber weil er ein solcher Geizhals war, tat er nur Eincentstücke hinein. Er schrieb auch einen Brief an die Redaktion des »Banner«, unserer Wochenzeitung, in dem er sagte, dass man Mr Marshall »teeren und federn und aufhängen sollte, weil er kleine unschuldige Kinder in gewiegte Spieler verwandelte und sie auf den Weg zur Hölle führt!« Es lässt sich denken, wie lächerlich er sich machte. Niemand hatte für McPherson etwas anderes übrig als Spott. Und so stand er ab Mitte November etwa nur noch vor seinem Laden auf der Straße und starrte bitterböse auf das fröhliche Treiben jenseits des Platzes.

Um diese Zeit etwa tauchten Appleseed und seine Schwester zum ersten Mal auf. Er war in unserer Stadt nicht bekannt. Wenigstens konnte sich niemand erinnern ihn je zuvor gesehen zu haben. Er erzählte, dass er eineinhalb Kilometer hinter Indian-Branches auf einer Farm wohne; berichtete, dass seine Mutter nur vierundsiebzig Pfund wiege und dass er noch einen älteren Bruder habe, der auf Hochzeiten für fünfzig Cent Geige spielte. Er behauptete, dass Appleseed der einzige Name sei, den er habe, und dass er zwölf Jahre alt sei. Aber Middy, seine Schwester, sagte, er sei erst acht. Sein Haar war glatt und dunkelblond. Er hatte ein schmales, wettergebräuntes Gesicht mit unruhigen grünen Augen, die einen sehr weisen und erfahrenen Ausdruck hatten. Er war klein und schmächtig und nervös; und er hatte immer dieselben Sachen an: einen roten Pullover, blaue Drillichhosen und ein Paar Stiefel von Männergröße, die bei jedem Schritt schlappten.

Es regnete, als er zum ersten Mal ins Walhalla kam; das Haar klebte an seinem Kopf, als hätte er eine Kappe auf, und seine Stiefel waren vom braunen Lehm der Feldwege dick überkrustet. Middy zottelte hinter ihm her, während er großspurig wie ein Cowboy in die Bar trat, wo ich gerade Gläser wusch.

»Ich hab gehört, ihr habt da Geld in 'ne Flasche gesteckt und wollt die jetzt verschenken«, sagte er und sah mich dabei ruhig an. »Wo ihr's doch sowieso hergebt, da wärn wir sehr dankbar, wenn ihr's uns denn geben tätet. Ich heiße Appleseed, das hier is' meine Schwester Middy.«

Middy war ein ganz armselig aussehendes Kind. Sie war ein gutes Stück größer als ihr Bruder und sah auch älter aus: eine richtige Bohnenstange. Sie hatte kurzes flachsblondes Haar, das aussah wie abgehackt, und ein blasses, erbarmungswürdiges kleines Gesicht. Sie trug ein verschossenes Baumwollkleidchen, das ihr knapp bis zu den spitzen Knien reichte. Irgendetwas mit ihren Zähnen stimmte nicht und sie suchte es zu verbergen, indem sie den Mund immer fest zusammenpresste wie eine alte Dame.

»Tut mir Leid«, sagte ich, »aber da musst du mit Mr Marshall reden.«

Und das tat er natürlich. Ich hörte, wie mein Onkel ihm erklärte, was er tun müsse, um den Krug zu gewinnen. Appleseed hörte aufmerksam zu, nickte dann und wann. Plötzlich kam er zurück, stellte sich vor den Krug, streichelte ihn ganz vorsichtig und sagte: »Is' sich nich 'n hübsches Ding, Middy?«

Middy sagte: »Kriegen wir sie?«

»Nee. Was man da erst machen muss, du, man muss raten, wie viel Geld drin is'. Und man muss für fünfundzwanzig Cent was kaufen, um erst ma' raten zu können.«

»Ooch, wir haben doch aber gar nich' fünfundzwanzig Cent. Was meinst, wie wir fünfundzwanzig Cent kriegen sollen?«

Appleseed runzelte die Stirn und rieb sich das Kinn. »Das wird noch das Einfachste sein, überlass das man mir. Viel schwieriger ist: Wenn ich 'ne Chance habe, kann ich nich' nur raten . . . ich muss *wissen.*«

Nun gut, ein paar Tage später sah man sie wieder. Appleseed ließ sich auf einem Barhocker nieder und verlangte ganz ungeniert zwei Glas Wasser, eins für sich und eins für Middy.

Das war die Gelegenheit, bei der er uns die Informationen über seine Familie gab: ». . . dann is' noch Papa Daddy da, das is' der Papa von meiner Mama, das is' 'n Indianer, weil er nämlich nich' gut Englisch sprechen kann. Mein Bruder, der wo Geige spielt, der is' schon dreimal im Kittchen gewesen . . . wegen ihm mussten wir weg von Louisiana. Bei 'ner Messerstecherei hat er einen schlimm zugerichtet, wegen 'ner Frau, die war zehn Jahr älter wie er. Sie hatte blonde Haare.« Middy, die sich im Hintergrund herumdrückte, sagte nervös: »Du musst nich' die ganzen privaten Sachen von unserer Familie erzählen, Appleseed.«

»Halt 'n Mund, Middy«, sagte er und sie war still. »Sie is' 'n liebes Ding«, fügte er hinzu, drehte sich um und tätschelte ihren Kopf, »aber sie darf sich nich' alles erlauben. Geh jetzt und schau die Bilder in den Zeitschriften an, Liebes, und hör auf mit den Zähnen so zu machen. Appleseed muss jetzt 'n bisschen überlegen.« Das Überlegen bestand darin, dass er unentwegt den Krug anstarrte, als wolle er ihn mit den Augen verschlingen. Das Kinn in die Hand gestützt, sah er ihn lange Zeit an, ohne ein einziges Mal seine Augenlider zu bewegen.

»Eine Dame in Louisiana hat gesagt, dass ich sehn kann, was andre Leute nich' sehn können, weil ich mit 'ner Glückshaube auf die Welt gekommen bin.«

»Ist doch klar, dass du nicht sehn kannst, wie viel da drin ist«, sagte ich zu ihm. »Warum lässt du dir nicht einfach eine Zahl einfallen, vielleicht ist das die richtige.«

»Huch«, sagte er, »das is' verdammt riskant. Ich . . . so kann ich das nich' machen. Ich hab mir überlegt, ganz sicher is' die Sache nur, wenn man jeden Fünfer und jeden Zehner zählt.«

»Zählen!«

»Was zählen?«, fragte Hamurabi, der gerade hereingekommen war und sich an die Bar setzte.

»Der Junge da sagt, er will zählen, wie viel in dem Krug drin ist«, erklärte ich.

Hamurabi sah Appleseed interessiert an. »Wie willst du das bewerkstelligen, mein Sohn?«

»Oh, eben zählen«, sagte Appleseed sachlich.

Hamurabi lachte. »Dann musst du schon Röntgenaugen haben, mein Sohn, mehr kann ich dazu nicht sagen.«

»Oh nein. Die Hauptsache is' nur, dass man mit 'ner Glückshaube auf die Welt gekommen is'. Eine Dame in Louisiana hat das zu mir gesagt. Das war 'ne Hexe; sie hatte mich gern, und als meine Mama mich nich' zu ihr geben wollte, hat sie sie verhext und darum wiegt meine Mama nur noch vierundsiebzig Pfund.«

»Seh-r in-te-res-sant«, bemerkte Hamurabi nur und sah Appleseed ganz merkwürdig an.

Middy bummelte so durch die Gegend und griff nach einer Ausgabe der »Filmgeheimnisse«. Sie zeigte Appleseed ein Foto und sagte: »Is' diese Dame nich' hübsch? Sieh doch nur, Appleseed, siehst du, was die für schöne Zähne hat? Die sind nich' so durcheinander.«

»Mach dir man darum keine Sorgen mehr«, sagte er.

Als sie gegangen waren, bestellte Hamurabi sich eine Flasche Orangeade und trank sie langsam aus, während er eine Zigarette rauchte. »Glaubst du, bei dem Kleinen stimmt da oben alles?«, fragte er plötzlich mit nachdenklicher Stimme.

In den kleinen Städten lässt sich Weihnachten am allerbesten feiern, glaube ich. Die Stimmung breitet sich in ihnen schneller aus, sie verwandeln sich und kommen unter diesem Zauber zu einem völlig neuen Leben. Schon in der ersten Dezemberwoche wurden die Haustüren mit Kränzen geschmückt und in den Schaufenstern sah man schimmernde rote Papierglocken und glitzernden Schnee. Die Kinder wanderten in die Wälder hinaus und kamen mit duftenden Weihnachtsbäumen schwer beladen zurück. Die Frauen fingen an ihre Stollen zu backen, sie machten die Einmachgläser mit dem

Mincemeat auf und die Flaschen mit dem Brombeer- und Scuppernong-Wein. Auf dem Rathausplatz wurde ein riesengroßer Baum mit Lametta und elektrischen Kerzen geschmückt, die nach Sonnenuntergang angezündet wurden. Spät am Nachmittag konnte man den Chor der Presbyterianerkirche Weihnachtslieder für das alljährlich stattfindende Krippenspiel üben hören. In der ganzen Stadt standen die Kamelien in voller Blüte.

Der einzige Mensch, der nicht im Geringsten von dieser zu Herzen gehenden Atmosphäre berührt zu sein schien, war Appleseed. Er ging seiner Beschäftigung nach das Kruggeld zu zählen und er tat das mit großer und beharrlicher Sorgfalt. Jeden Tag kam er nun ins Walhalla und konzentrierte sich auf den Krug, wobei er finster vor sich hin blickte und murmelte. Anfangs waren wir alle fasziniert, aber allmählich wurde es langweilig und niemand kümmerte sich mehr um ihn. Er kaufte nie etwas, offensichtlich war es ihm nicht gelungen, die fünfzig Cent aufzutreiben. Manchmal sprach er mit Hamurabi, der ein zärtliches Interesse an ihm nahm und ihm gelegentlich Bonbons oder für einen Cent Lakritze schenkte.

»Glauben Sie immer noch, dass er 'n bisschen spinnt?«, fragte ich.

»Ich bin mir nicht ganz sicher«, sagte Hamurabi. »Aber du wirst es schon noch erfahren. Er isst nicht genug. Ich werd ihn mal ins Café Regenbogen mitnehmen und ihm einen Teller Gulasch bestellen.«

»Fünfundzwanzig Cent wären ihm wahrscheinlich lieber.«

»Nein. Er braucht eine ordentliche Portion Gulasch. Außerdem wäre es für ihn besser, wenn er nie zum Raten käme. Ein so nervöses, so ungewöhnliches Kind, ich möchte nicht dafür verantwortlich sein, wenn er verliert. Sag doch selbst, es wär schrecklich.«

Ich will zugeben, dass Appleseed mir zu der Zeit nicht ganz richtig vorkam. Mr Marshall hatte Mitleid mit ihm. Die Kinder versuchten ihn zu necken, gaben es aber bald auf, weil er sich einfach nicht um sie kümmerte. Den ganzen Tag sah man ihn nur an der Bar sitzen, mit gerunzelter Stirn, die Augen unentwegt auf den Krug gerichtet. Und er war so abwesend, dass man manchmal das schrecklich unheimliche Gefühl hatte, er existiere vielleicht gar nicht. Und wenn man schon beinah wirklich davon überzeugt war, wachte er auf und sagte so etwas Ähnliches wie »Weißt, hoffentlich is' 'n Buffalo-Fünfer drin, von 1913. So 'n Junge hat mir gesagt, wo man für 'nen Buffalo-Fünfer von 1913 fünfzig Dollar kriegt.« Oder »Middy soll 'ne berühmte Dame beim Film werden. Die verdienen 'ne Menge Geld, die Damen, die beim Film mitmachen. Dann essen wir aber keinen Grünkohl mehr, solang wir leben. Nur Middy sagt, sie kann nich' zum Film, wenn sie keine schönen Zähne hat.«

Middy kam nicht immer mit ihrem Bruder mit. An den

Tagen, an denen sie nicht dabei war, schien er nicht er selbst zu sein; er war dann scheu und ging bald wieder.

Hamurabi hielt sein Versprechen und lud ihn zu einem Gulasch ins Café ein. »Mr Hamurabi is' nett, doch, doch«, sagte Appleseed hinterher, »aber er hat so komische Ansichten: Er is' der Meinung, dass er König wär oder so was Ähnliches, wenn er an einem Ort leben würde, der Ägypten heißt.«

Und Hamurabi sagte: »Dieses Kind hat ein rührendes Vertrauen. Es ist schön, wenn man das so sieht. Aber ich fange an die ganze Sache zu verabscheuen.« Und er zeigte zum Krug hinüber. »Eine derartige Hoffnung in einem Menschen zu erwecken ist grausam und es tut mir verdammt Leid, dass ich anfangs mitgemacht habe.«

Im Walhalla vertrieb man sich am liebsten die Zeit damit, zu überlegen, was man kaufen würde, wenn man den Krug bekäme. Unter denen, die dabei mitmachten, waren: Salomon Katz, Phoebe Johnes, Carl Kuhnhardt, Pully Simmons, Eddie Foxcroft, Marvin Finkle, Trudy Edwards und ein Neger namens Erskine Washington.

Ein paar ihrer Wünsche waren: eine Reise nach Birmingham, um sich dort Dauerwellen machen zu lassen, ein gebrauchtes Klavier, ein Shetland-Pony, ein goldenes Armband, eine vollständige Ausgabe von Rover-Boys-Büchern und eine Lebensversicherung.

Einmal fragte Mr Marshall, was Appleseed sich denn

wünsche. »Das is' 'n Geheimnis«, war die Antwort und kein noch so dringendes Bitten konnte ihn dazu bringen, es zu verraten. Aber wir waren davon überzeugt, dass es ein ganz brennender Wunsch sein musste, was es auch immer sein mochte.

Richtig Winter wird es bei uns in der Regel erst Ende Januar und dann ist er auch noch ziemlich mild und dauert nicht lange.

Aber in dem Jahr, von dem ich schreibe, waren wir schon in der Woche vor Weihnachten mit einem ungewöhnlichen Kälteeinbruch gesegnet. Mancher redet heute noch davon, denn es war ganz schrecklich: Die Wasserleitungen froren ein; viele Leute mussten, in ihre Decken gehüllt, den ganzen Tag im Bett bleiben, weil sie es versäumt hatten, genug Holz für den Kamin zu besorgen; der Himmel verwandelte sich in jenes seltsam trübe Grau, das er kurz vor einem Gewitter zeigt, und die Sonne war so blass wie der abnehmende Mond. Ein scharfer Wind blies. Er fegte die alten, vertrockneten Blätter des vergangenen Herbstes auf den vereisten Boden und der Tannenbaum auf dem Rathausplatz wurde zweimal seines ganzen Weihnachtsschmucks beraubt. Wenn man atmete, entstanden Rauchschwaden. Unten bei der Seidenspinnerei, wo die Ärmsten der Armen wohnten, drängten sich die Familien abends in der Dunkelheit zusammen und erzählten sich Geschichten, um sich von der Kälte abzulenken. Draußen auf dem Land bedeckten die Farmer ihre empfindlichen Pflanzen mit Hanfsäcken und beteten; manche nutzten das Wasser aus, schlachteten ihre Schweine und brachten frische Wurst in die Stadt. Mr. R.C. Judkins, der Trunkenbold der Stadt, staffierte sich mit einem roten Rupfengewand aus und spielte den Weihnachtsmann in dem Geschäft, in dem es nur Sachen für fünf und zehn Cent zu kaufen gibt. Mr. R. C. Judkins war Vater einer großen Familie und alle waren glücklich ihn einmal so nüchtern zu erleben, dass er in der Lage war, einen Dollar zu verdienen. Auf einer der Feiern, die die Kirche jetzt veranstaltete, standen sich Mr. Marshall und Rufus McPherson plötzlich von Angesicht zu Angesicht gegenüber: Bittere Worte wurden gewechselt, aber es kam zu keiner Schlägerei.

Wie schon erwähnt lebte Appleseed auf einer Farm, eineinhalb Kilometer hinter Indian-Branches, also annähernd fünf Kilometer von unserer Stadt entfernt; ein riesig langer und einsamer Weg. Aber trotz der Kälte kam er jeden Tag ins Walhalla und blieb bis Ladenschluss, das bedeutete, da die Tage nun kürzer waren, bis nach Einbruch der Dunkelheit.

Gelegentlich konnte er den halben Weg mit dem Vorarbeiter von der Seidenspinnerei mitfahren, aber das kam nicht oft vor. Er sah müde aus und bekam tiefe Falten um den Mund. Er fror dauernd und bibberte furchtbar vor Kälte. Ich glaube nicht, dass er irgendetwas Warmes

unter seinem roten Pullover und seinen blauen Drillichhosen anhatte.

Es war drei Tage vor Weihnachten, als er plötzlich aus
heiterem Himmel verkündete: »Nun, ich bin fertig. Ich
meine, ich weiß jetzt, wie viel in der Flasche drin is'.« Er
brachte das mit einer solchen ernsthaften, feierlichen
Sicherheit heraus, dass es schwer fiel, daran zu zweifeln.

»Jetzt hör aber mal auf, mein Sohn«, sagte Hamurabi,
der auch gerade da war. »Das kannst du gar nicht wissen. Es ist falsch, sich das einzubilden, du bist drauf und
dran, dir nur weh zu tun.«

»Sie brauchen mir keine Predigt zu halten, Mr Hamurabi. Ich weiß schon, was ich tu. 'ne Dame in Louisiana hat
zu mir gesagt . . .«

»Ja, ja, ja – aber du solltest das vergessen. Wenn ich du
wäre, würde ich jetzt schön nach Hause gehen und dort
auch bleiben und diesen gottverdammten Krug vergessen.«

»Mein Bruder geht heute Abend rüber nach Cherokee
City, auf 'ne Hochzeit, er soll dort wieder spielen und er
wird mir dann die fünfundzwanzig Cent geben«, sagte
Appleseed halsstarrig. »Morgen werd ich mein Glück
versuchen.«

Am nächsten Tag war ich daher einigermaßen aufgeregt,
als Appleseed und Middy ankamen. Er hatte wirklich
seine fünfundzwanzig Cent: Zur Sicherheit waren sie in
den Zipfel eines roten Taschentuches eingebunden.

Die beiden wanderten Hand in Hand an den Auslagen entlang und beratschlagten flüsternd, was sie sich kaufen sollten. Schließlich entschieden sie sich für ein fingerhutgroßes Fläschchen Gardenia-Cologne, das Middy sofort aufmachte und sich zur Hälfte aufs Haar goss. »Es riecht wie . . . oh, liebe Mutter Gottes, ich hab noch nie so was Süßes gerochen. Komm, Appleseed, Liebling, lass mich auch was auf dein Haar spritzen.« Aber er ließ es nicht zu.

Mr Marshall suchte sein Hauptbuch heraus, das alle Zahlen enthielt, während Appleseed zur Bar schlenderte; er legte beide Hände um den Krug und streichelte ihn sanft. Seine Augen leuchteten und seine Wangen glühten vor Erregung. Ein paar Leute, die im Augenblick gerade im Drugstore waren, drängten sich näher heran. Middy stand im Hintergrund, kratzte sich seelenruhig am Bein und roch an dem Cologne. Hamurabi war nicht da.

Mr Marshall leckte an seiner Bleistiftspitze und lächelte.

»O. k., mein Sohn, was soll ich nun schreiben?«

Appleseed holte tief Luft. »Siebenundsiebzig Dollar und fünfunddreißig Cent«, platzte er heraus.

Mit dem Nennen einer so ungeraden Zahl bewies er Originalität, weil im Großen und Ganzen nur runde Ziffern geraten worden waren. Mr Marshall wiederholte feierlich den Betrag, während er ihn niederschrieb.

»Wann erfahr ich, ob ich gewonnen hab?«

»Am Heiligen Abend«, sagte irgendjemand.

»Das is' morgen, wie?«

»Ja, so ist es«, sagte Mr Marshall ohne jegliche Überraschung. »Komm um vier Uhr.«

Während der Nacht sank das Thermometer noch tiefer und gegen Morgen gab es einen jener heftigen sommergleichen Regengüsse, sodass der nächste Tag heiter und frostig war. In der Stadt sah es aus wie auf einer Ansichtskarte aus dem Norden, mit glitzernden Eiszapfen an den Bäumen und Eisblumen auf allen Fensterscheiben. Mr R. C. Judkins stand in aller Frühe auf, stampfte ohne ersichtlichen Grund durch die Straßen und läutete mit einer Tischglocke, ab und zu blieb er stehen, um einen Schluck Whisky aus einer kleinen Flasche zu nehmen, die er in seiner hinteren Tasche verborgen hielt. Da der Tag windstill war, stieg aus den Schornsteinen der Rauch gemächlich und geradewegs zum frostigen Himmel auf. Ein bisschen später war der presbyterianische Chor schon in vollem Schwung; und die Kinder (sie trugen Schrecken erregende Masken wie am Abend vor Allerheiligen) jagten einander rund um den Platz und machten einen ohrenbetäubenden Lärm. Hamurabi kam gegen Mittag, um uns beim Ausschmücken von Walhalla behilflich zu sein. Er brachte eine große Tüte mit Mandarinen mit, die wir zusammen alle aufaßen; die Schalen warfen wir in den neuen, dickbauchigen Ofen (ein Geschenk Mr. Marshalls an sich selbst), der in der Mitte des Ladens stand. Dann nahm mein Onkel den Krug von der Bar, polierte ihn blank und stellte ihn auf einen Tisch, von dem aus man ihn gut sehen konnte. Danach war er für uns überhaupt keine Hilfe mehr, denn er hockte auf einem Stuhl und verbrachte die ganze Zeit damit, eine zerknitterte grüne Schleife um den Krug zu binden und sie wieder abzunehmen. So mussten Hamurabi und ich das Übrige allein machen: Wir fegten den Boden, rieben die Spiegel blank, staubten die Vitrinen ab und zogen rote und grüne Bänder aus Krepppapier von einer Wand zur anderen. Als wir fertig waren, sah alles sehr hübsch und elegant aus.

Aber Hamurabi sah trübselig auf unser Werk und sagte: »Nun, ich denke, ich mach jetzt, dass ich fortkomme.«

»Du willst nicht bleiben?«, fragte betroffen.

»Oh nein, nein«, sagte Hamurabi und schüttelte langsam seinen Kopf. »Ich will nicht das Gesicht dieses Kindes sehen. Heut ist Weihnachten und ich hab die Absicht, mich zu amüsieren. Und das kann ich nicht, wenn ich mir das aufs Gewissen lade. Teufel, ich könnt nicht mehr schlafen.«

»Mach, was du willst«, sagte Mr Marshall. Er zuckte die Achseln, aber man konnte sehen, dass er sich verletzt fühlte. »So ist das Leben eben – und außerdem, wer weiß denn, ob er nicht gewinnt?«

Hamurabi seufzte schwermütig. »Was hat er geraten?«

»Siebenundsiebzig Dollar und fünfunddreißig Cent«, sagte ich.

»Geb doch zu, das ist doch hirngespinstig«, sagte Hamurabi. Er ließ sich neben Mr Marshall auf einen Stuhl fallen, schlug die Beine übereinander und zündete sich eine Zigarette an. »Wenn du Baby Ruth dahast, möcht ich gern eins, ich hab 'nen bitteren Geschmack im Mund.«

Der Nachmittag schlich dahin und wir saßen alle drei um den Tisch herum und fühlten uns schrecklich elend. Es wurde kaum ein Wort gesprochen, und als die Kinder nun den Platz verlassen hatten, hörte man nur noch die Uhr vom Rathausturm die Stunden schlagen. Das Walhalla war geschlossen, aber ständig gingen Leute vorbei und schauten verstohlen ins Fenster. Um drei Uhr sagte Mr Marshall zu mir, ich solle die Tür aufschließen.

Innerhalb von zwanzig Minuten war der Raum proppenvoll; alle hatten sie ihre Sonntagskleider an und in der Luft lag ein süßlicher Geruch, denn die meisten der kleinen Mädchen von der Seidenspinnerei hatten sich mit Vanille einparfümiert. Sie drängten sich an den Wänden entlang, setzten sich auf die Bar, quetschten sich hinein, wo immer sie konnten; bald zog sich die Menge bis auf die Straße hinauf. Der Platz war mit Pferdegespannen und T-Ford-Modellen umsäumt, die die Farmer mit ihren Familien in die Stadt gebracht hatten.

Es gab viel Gelächter und Schreien und Spaß – ein paar empörte Damen beklagten sich über das Fluchen und rücksichtslose Schieben und Drängen der jungen Burschen, aber niemand ging fort. Am Seiteneingang hatte sich eine ganze Menge Neger zusammengefunden und sie amüsierten sich am meisten. Jeder versuchte das Beste aus einer guten Sache zu machen. Denn in unserer Gegend ist es für gewöhnlich sehr ruhig: Es geschieht nicht viel. Man kann mit Sicherheit sagen, dass nahezu die ganze Wachata County anwesend war, mit Ausnahme der Kranken natürlich und – Rufus McPhersons. Ich sah mich nach Appleseed um, konnte ihn aber nirgends entdecken. Mr Marshall räusperte sich und klatschte in die Hände, um sich Ruhe zu verschaffen. Als sich der Lärm gelegt hatte und die Atmosphäre genügend gespannt war, erhob er seine Stimme wie ein Auktionator und rief: »Nun hört mal alle her, in diesem Umschlag, den ihr hier in meiner Hand seht« – und er hob ein gelbes Kuvert hoch über seinen Kopf –, »hier also steht die Lösung drin, die bis zu diesem Augenblick niemand kennt, außer dem lieben Gott und der First National Bank, ha, ha. Und in dieses Buch« – er hob nun das Hauptbuch mit der anderen Hand hoch –, »hab ich alles aufgeschrieben, was ihr geraten habt. Hat noch jemand eine Frage?« Alles war still. »Schön. Wenn wir jetzt noch jemand haben könnten, der freiwillig . . .«

Nicht eine lebende Seele rührte sich von der Stelle: Es war, als ob eine entsetzliche Scheu die Menge überfallen hätte, und auch diejenigen, die sonst die größten Angeber waren, scharrten nur verlegen mit den Füßen. Da rief jemand, es war Appleseeds Stimme: »Durchlassen . . . Ma'am, gehn Se bitte aus'm Weg.« Als er sich nun nach vorn drängte, trotteten Middy und ein magerer, verschlafen aussehender Bursche hinter ihm her, es war offensichtlich der geigende Bruder. Appleseed hatte dasselbe an wie immer, aber sein Gesicht war sauber geschrubbt und rosig, die Stiefel waren geputzt und das Haar hatte er mit Pomade glatt zurückgekämmt. »Kommen wir noch zur Zeit?«, keuchte er.

Aber Mr Marshall sagte: »Du willst also unser Freiwilliger sein?«

Appleseed sah ihn verwirrt an, nickte dann aber heftig.

»Hat irgendjemand etwas gegen diesen jungen Mann einzuwenden?«

Immer noch herrschte Totenstille. Mr Marshall übergab Appleseed den Umschlag, der ihn ruhig entgegennahm. Er nagte an seiner Unterlippe und sah ihn erst noch einen Moment an, bevor er ihn aufriss.

In der ganzen Versammlung gab es keinen Laut, außer einem gelegentlichen Husten und dem gedämpften Klingeln von Mr R. C. Judkins' Tischglocke. Hamurabi lehnte an der Bar und starrte zur Decke; Middy stierte mit leerem Blick über die Schulter des Bruders, und als er daranging, den Umschlag aufzureißen, stieß sie einen leisen, ängstlichen Seufzer aus.

Appleseed zog einen rosafarbenen Zettel hervor, und während er ihn so vorsichtig hochhielt, als ob er zerbrechen könnte, murmelte er das, was darauf geschrieben stand, leise vor sich hin. Plötzlich wurde sein Gesicht ganz blass und Tränen glänzten in seinen Augen.

»He, nun red schon, Junge«, brüllte irgendwer.

Hamurabi trat vor und riss ihm beinahe den Zettel aus der Hand. Er räusperte sich und fing an zu lesen, während sich sein Gesicht ganz komisch veränderte. »Heilige Mutter Gottes . . .«, sagte er.

»Lauter, lauter«, forderte man ärgerlich im Chor.

»Betrügerbande!«, brüllte Mr R.C. Judkins, der um diese Zeit schon wieder einen in der Krone hatte. »Ich rieche eine Ratte und sie stinkt schon zum Himmel!« Worauf ein Wirbelsturm von Schreien und Pfiffen die Luft erfüllte.

Appleseeds Bruder fuhr herum und schüttelte seine Fäuste.

»Maul halten, Maul halten, sonst hau ich euch eure verdammten Köpfe zusammen, dass ihr Beulen kriegt, wie 'n Kürbis so groß, versteht ihr?«

»Bürger«, schrie Bürgermeister Mawes, »Bürger – hört doch, heut ist Weihnachten . . . so hört doch . . .«

Und Mr Marshall sprang auf einen Stuhl, klatschte in die Hände und stampfte mit den Füßen, bis wieder einigermaßen Ruhe herrschte. Es soll hier schon gleich erwähnt werden, dass Rufus McPherson dem Mr. R.C. Judkins Geld dafür gegeben hatte, damit er jenen Wirbel verursachte, wie wir später erfuhren. Jedenfalls, als der Tumult vorüber war, hatte natürlich niemand anderes den Zettel in Händen als ich . . . aber man frage mich nicht, wie es dazu gekommen ist.

Ohne zu überlegen, schrie ich: »Siebenundsiebzig Dollar und fünfunddreißig Cent.« Natürlich verstand ich in der Aufregung zuerst nicht, was das bedeutete; es war nur eine Zahl. Aber dann brach Appleseeds Bruder in sein Freudengeheul aus und nun begriff ich; der Name des Gewinners wurde schnell bekannt und das ehrfurchtsvolle Geflüster hörte sich an wie ein Gewitterregen. Aber Appleseed selbst bot einen jammervollen Anblick. Er weinte, als ob er tödlich verwundet wäre, doch als Hamurabi ihn dann auf seine Schultern hob, damit die Menge ihn bewundern konnte, trocknete er sich die Augen mit dem Ärmel seines Pullovers und fing an zu grinsen. Mr R. C. Judkins brüllte: »Zigeuner! Lausige Zigeuner!« Aber seine Stimme ging in einem ohrenbetäubenden Applaus unter.

Middy packte meinen Arm. »Meine Zähne«, quietschte sie. »Jetzt krieg ich meine Zähne!«

»Zähne?«, fragte ich noch ganz betäubt.

»Falsche«, sagte sie. »Das ist es doch, was wir uns für das Geld kaufen wollen —ein schönes weißes Gebiss.«

Aber im Augenblick interessierte mich einzig und allein, wie Appleseed auf diese Zahl gekommen war.

»Komm, erzähl mir«, sagte ich verzweifelt, »erzähl mir, wie, in Gottes Namen, konnte Appleseed wissen, dass es gerade siebenundsiebzig Dollar und fünfunddreißig Cent waren?«

Middy sah mich verständnislos an. »Warum, ich denke, er hat es dir gesagt«, antwortete sie ganz ernst. »Er hat gezählt.«

»Ja, aber wie —wie?«

»Geh, weißt du nicht mal, wie man zählt?«

»Aber ist das alles?«

»Nun ja«, sagte sie und es folgte eine nachdenkliche Pause. »'n bisschen gebetet hat er auch noch.« Sie machte Anstalten, davonzustürzen, drehte sich aber noch einmal um und rief: »Außerdem ist er mit 'ner Glückshaube auf die Welt gekommen.«

Und mehr hat nie jemand über dieses Geheimnis erfahren.

Wenn man Appleseed später fragte: »Wie hast du das gemacht?«, lächelte er nur seltsam und wechselte das Thema.

Viele Jahre später zog er mit seiner Familie irgendwo hin nach Florida und man hörte nie wieder von ihm.

In unserer Stadt aber ist diese Legende immer noch lebendig; und bis zu seinem Tod im April des vergangenen Jahres wurde Mr Marshall am Heiligen Abend immer in die Bibelstunde der Baptisten eingeladen, um die Geschichte von Appleseed zu erzählen. Hamurabi schrieb auch einmal einen Bericht darüber und schickte ihn an verschiedene Magazine. Er wurde aber nie gedruckt. Ein Redakteur schrieb zurück: »Wenn aus dem kleinen Mädchen wirklich ein Filmstar geworden ist, lässt sich vielleicht etwas mit Ihrer Geschichte anfangen.« Aber das ist nie geschehen und warum soll man lügen?

PETR CHUDOZILOV

Die Spur im Schnee

ch habe schon viele wunderliche Geschichten über die Verwechslung von Engeln mit Hühnern gehört. Ein misstrauischer Mensch zum Beispiel sah einen Engel, hielt ihn aber lieber für ein gewöhnliches Huhn. Seltener kommt es vor, dass im Gegenteil aus irgendeinem Grund ein Huhn für einen Engel gehalten wird. Dass aber ein Engel öffentlich als Engel bezeichnet wird, wobei man insgeheim denkt, es sei trotzdem nur ein gewöhnliches Huhn . . . Nein! Das geschieht wirklich nicht allzu oft!

Diese Geschichte hat mir Pál anvertraut. Ein liebenswürdiger Mensch, ein zuverlässiger Freund, ein bewundernswerter Gastgeber, vor allem aber ein hervorragender Erzähler. Hinter den Fenstern seines Hauses fiel damals langsam Schnee aus den Wolken. Allmählich brach die Dämmerung herein, wir saßen in vertrauter Behaglichkeit beisammen und erzählten einander Geschichten. Im Zimmer stand der Weihnachtsbaum bereit, schon am nächsten Tag sollten feierlich die Kerzenlichter erstrahlen. Der Ofen verströmte Wärme, es war ungemein gemütlich und in der Luft schwebte geheimnisvoller Weihnachtsduft. Kein Wunder, dass wir begannen von der längst verlorenen Kindheit zu reden!

Mein Freund stammt aus einem Geschlecht von Donauschwaben. Seine Vorfahren waren einst aus Deutschland weggezogen, um zwei Jahrhunderte später wieder ins Land ihrer Vorfahren zurückzukehren. »Alles haben wir verloren, nur der ungarische Akzept ist uns geblieben!«, sagte mein Freund manchmal fröhlich. Das stimmte jedoch nicht so ganz. Aus Ungarn hatten die Rückwanderer auch einen ganzen Schatz von Sagen, Geschichten und Familienerinnerungen mitgebracht, außerdem eine Sammlung überlieferter Anleitungen, wie man sich im Leben richtig zu verhalten hat. Wer zum Beispiel viele Nüsse isst, kann hundert Jahre alt werden!

Wir verstummten für eine Weile. In den Tiefen des Hauses ertönte ein kaum hörbarer Klang. Etwas bewegte sich! Die Tür knarrte leise. Durch den Flur näherten sich tastende Schritte. Im Halbdunkel des Zimmers wirkte dies Furcht erregend, doch mein Gastgeber bedeutete mir mit einer leichten Kopfbewegung, dass ich keine Angst zu haben bräuchte. Eine weißhaarige Frau betrat das Zimmer, die Mutter meines Freundes. Sie brachte zwei Schüsseln. Aus der einen dampfte es; dem Duft nach war darin die berühmte, aus Karpfenfleisch zubereitete ungarische Weihnachtssuppe. Die andere war mit Plätzchen gefüllt.

Das Gesicht der Mutter strahlte feierlich. Mit behutsamen Bewegungen stellte sie die Schüsseln vors Fenster. Es fielen einige liebe Worte in der mir unbekannten

Sprache, die Frau blickte mich freundschaftlich an und verließ uns wieder. Die Tür fiel hinter ihr ins Schloss, die Schritte entfernten sich, eine zweite Tür knarrte, im Haus wurde es still.

»Füttert ihr im Winter die Vögel vor den Fenstern?«, sagte ich gedankenlos und verlegen. Das Verhalten der Mutter meines Freundes hatte mich überrascht.

»Nein«, sagte er. »Das ist für den Weihnachtsengel.«

»Für einen Engel!«, rief ich verblüfft.

»Aber natürlich. Stellt ihr denn dem Weihnachtsengel keine Naschereien vors Fenster?«, wunderte er sich.

War das vielleicht ein Scherz? Ich trat zum Fenster, rieb die beschlagene Scheibe sauber. Die heiße Suppe dampfte im Frost. Auf einem Baum duckte sich eine durchgefrorene Amsel. Einen Engel aber sah ich nicht.

»Vorsichtig!«, raunte mein Freund mir zu. Er war ganz verzückt. »Er wird jeden Moment da sein!«

Langsam trat ich zur Seite. Ein merkwürdiges, fast ängstliches Gefühl kam über mich. Es war klar, mein Freund schaute mit seinen fest geschlossenen Augen in eine andere, unbekannte, mir unzugängliche Welt! Er lächelte aufmunternd, als wollte er ein vertrautes Wesen begrüßen. Er winkte sogar schon! Ich wagte es nicht, neue Fragen zu stellen. Nach einer Weile saßen wir wieder in den gemütlichen Sesseln.

»In Ungarn stand der Himmel an Weihnachten immer voller Sterne!«, setzte mein Freund das Gespräch nach längerer Pause fort. »Den Stern von Bethlehem mit dem langen Schweif habe ich leider nie gesehen. Dafür aber den Weihnachtsengel mit der Trompete.«

»Mit der Trompete!«, stieß ich hervor.

»Ja!«, wiederholte mein Freund ruhig. »Mit der Trompete. Mein Vater und ich machten einen Spaziergang. Die Bäume waren weiß vor Frost. Wir zogen einen kleinen Schlitten. Die Hand des Vaters wärmte die meine noch durch die dicken Handschuhe hindurch. Wie gern bin ich in der Kindheit Hand in Hand mit dem Vater spazieren gegangen! Da drückten die Finger des Vaters meine Hand plötzlich ganz fest. Über uns schwebte ein Engel. In seinen Flügeln wechselten sich weiße und rosarote Federn ab. Sein braunes, lose geschnittenes Engelshemd wurde von einem schmalen Ledergürtel zusammengehalten. Unten lugten nackte Füße hervor. Der Engel fror bestimmt fürchterlich, er sah jedoch keineswegs unzufrieden aus. Auf seiner Stirn glänzte ein Stern. Der Engel blies in eine sehr lange, dünne Trompete. Es klang feierlich, ein wenig wehmütig. Dann löste er sich auf wie Dampf in der Luft.«

»In der Dämmerung«, fuhr mein Freund fort, »stellte die Mutter Schüsseln mit Leckerbissen vors Fenster. Für den Engel! Hinter dem Vorhang versteckt, wartete ich, was geschehen würde. Unsere gefräßigen Hühner trippelten herbei. Wie wild pickten sie in die Schüsseln, die Krümelchen stoben davon. Langsam tauchte aus der

Dunkelheit der Engel auf. Er legte die Trompete in den Schnee, nickte mir zu, nahm sich mit zwei Fingern einige Brocken aus der Schüssel. Die Hühner traten ehrfurchtsvoll zurück. Sogar der Hahn machte dem seltenen Flügeltier Platz! Der Engel lächelte, blies in die Trompete, stieß sich mit den nackten Füßen vom Schnee ab und flog wieder in den Himmel zurück. ›Hast du den Engel gesehen?‹, fragte mich die Mutter. ›Er war da!‹, rief ich. Das Bäumchen leuchtete. Das Weihnachtsfest war da.«

»Du erzählst wirklich sehr schön!«, rief ich.

»Hör mal!«, sagte mein Freund tadelnd. Er hatte meine Zweifel herausgehört. »Ich bin noch nicht fertig! Im Laufe der Jahre lächelte meine Mutter oft amüsiert. ›Auf der Stirn hatte er einen goldenen Stern, nicht wahr?‹, sagte sie jedes Mal in liebenswürdig spöttelndem Ton, wenn ich meinen Eltern mitteilte, dass der Engel auch diesmal gekommen war. Nach und nach begriff ich, die Mutter glaubte längst nicht mehr an den Weihnachtsengel. Als ich fünfzehn war, überraschte sie mich mit einer unerwarteten Mitteilung. ›Es gibt keine Engel!‹, verkündete sie hart. ›Es ist ein schöner Weihnachtsbrauch, eine Schüssel vors Fenster zu stellen! Den Kindern zu erzählen, es sei für einen Engel. Gewiss! Aber du bist doch kein kleines Kind mehr! Hör auf Märchen zu erfinden!‹

›Doch! Komm doch selbst schauen!‹, sagte ich ganz ruhig zu ihr. Zum ersten Mal benutzte ich in einem Gespräch mit meiner Mutter das deutsche Wort ›doch‹, sonst hatten wir uns ausschließlich auf Ungarisch verständigt. Die Mutter schaute aus dem Fenster. Entsetzt schrie sie auf. Gerade trat langsam der Engel aus der Dunkelheit. Wie ein Raum, wie ein Märchen, wie ein Rauch von einem Feuer! Die Mutter wich zurück. ›Wer ist das?‹, flüsterte sie. ›Mein Herr, was machen Sie da?‹ Der Engel grinste ungezwungen. Er nahm einen Bissen aus der Schüssel. Er verneigte sich und wünschte schöne Weihnachten, das hörten wir durch das Glas hindurch sehr deutlich. Dann verschwand er in den Schneewirbeln.«

»Hat er mit euch deutsch gesprochen?«, fragte ich vorsichtig.

»Ungarisch!«, entgegnete mein Freund. Seine Augen blitzten schelmisch.

»Hm!«, sagte ich nur.

Der Freund zuckte die Achseln. Wortlos zeigte er zum Fenster. Mit angehaltenem Atem trat ich näher, um einen besseren Ausblick zu haben. Die Schüsseln waren schon fast leer. Einige schmutzig weiße Hühner wackelten um sie herum. Da war kein Engel. Auch die durchgefrorene Amsel war fortgeflogen. Mein Freund verzog keine Miene.

»Ich mache es sonst genauso. Der Engel kommt immer!«, sagte er.

Wir traten auf die Schwelle. Die Hühner sahen uns fragend an. Der Hahn hatte gerade den letzten Bissen aus der Schüssel gepickt. In dichten Flocken fiel der Schnee. Glitzernder Pulverschnee. Die Hoffnung in mir wurde immer größer; durch die Vorahnung einer Enttäuschung wurde sie noch sonderbar verstärkt.

»Schau!«, seufzte mein Freund verblüfft.

Ich wollte meinen Augen nicht trauen. Im frisch gefallenen Schnee zeichnete sich eine Spur ab. Ein Wesen hatte seinen nackten Fuß in die Schneedecke gedrückt, es musste viel größer sein als ein Huhn! Die Spur konnte von einem großen Vogel, zum Beispiel einem Schwan, stammen, aber auch von einem Menschen. Ohne weiteres hätte ein Engel sie zurücklassen können. Die Umrisse waren durch die feuchten Flocken verwischt. Von oben ertönte Flügelrauschen. Durch die Winterlandschaft hallte Trompetenklang. Ein kurzer, durchdringender, kupfern gefärbter Ton. In den Wolken sah ich den Schatten eines schwebenden Leibs. Ein Schwan! Ein Trugbild? Ein Engel? Alles wurde durch einen Windstoß weggefegt. Wir wagten nicht laut zu reden.

Wir kehrten ins Innere des Hauses zurück. Der Freund legte Holz nach. Im Kamin knisterte es leise. Lächelnd setzte sich die alte Mutter meines Freundes zu uns. Auch sie schwieg. Wortlos schauten wir zu, wie die Dämmerung den Gegenständen im Zimmer allmählich ihre Formen nahm und sie in reinen Schein verwandelte. Meine Seele war erschüttert. War es der Schrei eines

Schwans? Eine Trompete? Das kehlige Rufen eines ungarischen Engels? Können Engel Ungarisch? Wenn nicht, in welcher Sprache verständigen sie sich? Eine wirklich zufrieden stellende Antwort auf diese Fragen habe ich nie bekommen. Das ist gerade das große Geheimnis! Wunder lassen sich nicht patentieren. Überzeugende Beweise fehlen immer! Zum Glück! Ein zuverlässig garantiertes Wunder wäre gar kein Wunder mehr. Ohne Hoffnung auf Wunder aber könnten wir überhaupt nicht leben.

ANNA MELACH

Wer klopfet an?

In diesem Jahr hatte die Familie beschlossen Weihnachten ohne Geschenke zu feiern. Das war Christines Idee gewesen. »Wir werden da nicht mitspielen bei diesem blöden Weihnachtsrummel«, hatte sie gemeint. »Feiern wir doch ein richtiges Familienweihnachten ohne Stress, ohne Geschenke, einfach nur so!« Nach einigem Hin und Her war die ganze Familie einverstanden gewesen.

Nun saßen sie da, die Eltern, Stefan, Liesi und Christine und die Großmutter, im festlich aufgeräumten Wohnzimmer, und wussten nicht so recht, was sie mit dem langen Abend anfangen sollten. Sie hatten Nachtmahl gegessen, sie hatten die Kerzen am Christbaum angezündet und »Stille Nacht« gesungen und noch ein paar Weihnachtslieder und die Mutter hatte, wie jedes Jahr, aus der Weihnachtsgeschichte vorgelesen. Sehr viele Weihnachtslieder hatten sie nicht geschafft, sie kannten so wenige Texte und Stefan konnte sein Liederbuch nicht finden. Außerdem war die Mutter, die die schönste Stimme hatte, heiser. Und im Spielemagazin fehlten die Würfel. Diese Entdeckung hätte beinahe zu einem Familienstreit geführt.

Auch wegen des Christbaums hatte es Diskussionen gegeben. Christine wollte gar keinen Christbaum. Es müssten eh so viele junge Bäume sterben, meinte sie. Aber ein Christbaum musste sein, darauf hatte die Mutter bestanden. Schon wegen der Kleinen. »Sonst ist es ja überhaupt kein Weihnachten.«

»Wir könnten einen lebendigen Christbaum kaufen«, schlug Stefan vor und schluckte seinen Ärger, zu den Kleinen gezählt zu werden, hinunter. »Den können wir dann einsetzen.«

»Und wo willst du ihn einsetzen?«

»Bei der Tante Steffi im Garten, vielleicht. Oder im Wald. Oder in dem kleinen Park vor der Schule. Da kann ich immer nachsehen, wie's ihm geht.«

Sie hatten also einen lebendigen Christbaum gekauft. Er war sehr klein, selbst Liesi reichte er nur bis zum Bauch, aber er war dicht und buschig und alle waren sich einig, dass sie noch nie einen so schönen Christbaum gehabt hätten. Die Mutter wollte den schwarzen Plastiktopf mit Alufolie schmücken. Aber Christine hatte energisch protestiert, wegen der Verwendung von Aluminium.

»Und was soll ich mit meiner halben Alurolle machen?«, wollte die Mutter wissen. »Ich kauf eh keine neue, das versprech ich dir.«

»Du kannst sie aufheben, bis du wirklich dringend etwas einzuwickeln hast«, sagte Christine versöhnlich.

Stefan und Liesi hatten ein Zeichenblatt bunt bemalt

und in Fransen geschnitten; es wurde um den Topf gelegt. Das sah sehr hübsch aus. Die Mutter hatte den Baum auf einen Schemel gestellt, damit er ein bisschen größer aussah, und mit wenigen Kerzen, Glaskugeln und ein paar Lebkuchen geschmückt.

Der Baum sah also sehr weihnachtlich aus, auch die Schüssel mit Keksen darunter.

Nun saßen sie alle da und wussten nicht so recht, was sie tun sollten.

»In meiner Kindheit«, begann die Oma vorsichtig, »haben wir manchmal Theater gespielt. Ohne Textbuch, einfach so.«

»Ja, spielen wir ein Krippenspiel!«, rief Liesi. »Da kann ich ein Schaf spielen oder ein Kamel, nicht so ein dummes Hirtenmädchen wie in der Schule.«

Stefan grinste. »Das passt ohnehin viel besser zu dir!«

»Möchtest du nicht lieber die Maria spielen?«, fragte die Mutter schnell. »Oder vielleicht den Engel?«

»Nein«, erwiderte Liesi entschieden. »Der Engel ist die Großmutter. Und Maria und Josef spielen die Mama und der Papa.«

»Vielleicht sollte ich lieber einen Hirten . . .«, meinte der Vater.

»Nein«, sagte Stefan. »Ich will der Wirt sein und die Christine ist die Wirtin, das passt gut zu ihr, sie kann so gut keppeln.«

Es dauerte eine Weile, bis alle einverstanden waren.

»Also«, sagte Stefan, »die Eltern gehen jetzt hinaus und klopfen an.«

Die Großmutter summte die Melodie des Weihnachtsliedes »Wer klopfet an«.

»Sehr gut«, sagte Stefan. »Maria und Josef klopfen also an die Türe. Hier ist die Wirtsstube und dort drüben, beim Esstisch, ist der Stall.«

»Sehr wohl, Herr Regisseur«, sagte Vater.

»Und dann singen wir das Lied ›Wer klopfet an‹ mit verteilten Rollen«, schlug die Mutter vor. »Da haben wir am Anfang einen Text und dann wird uns schon etwas einfallen.«

»Sehr gut«, sagte Stefan.

»Ich bin der Esel im Stall«, erklärte Liesi und kroch unter den Esstisch.

»Ich dachte, du bist ein Schaf?«

»Nein, das kommt erst so spät dran, erst wenn die Hirten kommen.«

»Schön, bist du halt der Esel!«

»Wir brauchen auch Kostüme«, sagte Liesi plötzlich. »Zumindest ein paar.«

»Hm«, machte Stefan. »Ja, Papa, du ziehst deinen braunen Bademantel an. Und die Maria braucht einen blauen Umhang. Christine, deine Bettdecke ist so schön marienmantelblau. Borgst du sie uns?«

Christine holte ihre Decke. Die Großmutter brachte eine Schürze für den Wirt und ein Kopftuch für die Wirtin.

»Damit schau ich unmöglich aus«, protestierte Christine.

»Macht nichts, als Wirtin *bist* du unmöglich«, entgegnete Stefan ungerührt. »Und die Liesi?«

»Ich brauch kein Kostüm«, sagte Liesi. »Aber die Großmutter muss ein Engelsgewand haben.«

Die Großmutter pflückte vorsichtig eine brennende Kerze vom Christbaum und setzte sich auf das Sofa.

»Also los«, sagte Stefan, »klopft an!«

Von draußen klopfte es.

Stefan holte Luft und sang so tief er konnte: »Wer klopfet an?«

»Zwei arme, a-a-ar-me – zwei a-a-ar-me – ich finde den Ton nicht!«, rief die Mutter. »Ohne Großmutter kann ich das Lied nicht singen. Oma, komm heraus und hilf uns! Ein Engel kann ruhig mitsingen.«

»Ihr könnt ja auch sprechen«, sagte Christine. »Wir spielen schließlich ein Theaterstück und keine Oper!«

Die Großmutter stand auf und eilte mit ihrer Kerze vor die Tür.

»Also«, sagte Stefan. »Wer klopfet an?«

»Der Papa muss erst klopfen!«, rief Liesi unter dem Tisch hervor.

Papa klopfte.

»Wer klopfet an?«

»Zwei arme, a-a-ar-me Leut!«, klang es von draußen.

»Was wollt ihr dann?«, sang Stefan mit gewaltiger Stimme.

»Oh, gebt uns He-er-be-erg heut!«

»Wer seid ihr?«, rief Christine als Wirtin mit keifender Stimme. »Was stört ihr uns denn mitten in der Nacht?«

»Wir kommen von weit, weit her«, jammerte die Mutter, draußen vor der Tür. »Wir sind schon so müde . . . und es ist so kalt.«

»Wie heißt ihr denn?«, fragte der Wirt donnernd.

»Ich bin Josef«, antwortete der Vater. »Und meine Frau heißt Maria. Wir sind von der Nacht überrascht worden auf unserem Weg und jetzt haben wir kein Nachtquartier . . .«

»Das kann jeder sagen«, rief Christine. »Ihr seid sicher irgendwelche Flüchtlinge. Habt ihr denn kein Quartier in einem Flüchtlingslager? Oder habt ihr noch gar nicht um Asyl angesucht? Seid ihr überhaupt schon registriert?«

»Sie sind unterwegs zum Kaiser Augustus«, erklärte Stefan. »Der zählt alle Leute.«

»Wir werden uns registrieren lassen, sobald es hell ist«, sagte der Vater. »Heute . . . heute haben die Ämter schon zu.«

»Morgen ist Feiertag«, erinnerte Stefan.

»Wenn ihr Flüchtlinge seid, gehört ihr in ein Flüchtlingslager und müsst nicht anständige Leute belästigen!«, sagte Christine.

»Kind, wie redest du!«, fuhr der Vater dazwischen.

Christine hatte in der Schule einen Projekttag über Flüchtlinge gehabt. Aber sie sagte nur: »Ich bin doch die böse Wirtin. Und man kann ja ein Krippenspiel modernisieren!«

»Ja, bei Liesis Krippenspiel ist auch ein Hirte mit dem Fahrrad gekommen«, bekräftigte Stefan.

»Habt doch Mitleid, liebe Wirtin«, spielte die Mutter weiter. »Wir haben zwar eine Wohnung, auf dem Lande, in . . . in einem Flüchtlingslager, aber wir sind heute in die Stadt gefahren und – und haben den letzten Bus versäumt.«

»Dann geht in ein Obdachlosenheim!«, rief die Wirtin.

»Dort ist schon alles überfüllt«, behauptete Josef.

»In unser Haus kommen keine fremden Leute!«, erklärte die Wirtin mit Nachdruck.

»Habt ihr nicht wenigstens ein warmes Plätzchen in der Gaststube?«, flehte die Mutter. »Es ist ja ein Gasthaus.«

»Die Gaststube ist schon aufgeräumt für morgen. Außerdem haben wir heute Ruhetag.«

»Oder in eurem Wohnzimmer, auf dem Teppich . . .«

»Kommt nicht in Frage!«, sagte Christine.

»Nein, nein, nein, das kann nicht sein, ihr kommt gewiss nicht rein!«, fielen Stefan die Worte aus dem Lied ein.

»So lasst uns doch in euren Stall!«, bat Maria, die wieder an die alte Geschichte dachte. »Ich bin schwanger und werde heute Nacht ein Kindlein kriegen. Und draußen ist es so schrecklich kalt!«

»Ja, im Stall können wir uns im Heu wärmen«, sagte der Vater.

»Ich habe keinen Stall«, sagte Stefan ungerührt. »Heutzutage hat kein Wirt mehr einen Stall in der Stadt. – Aber was machen wir wirklich mit diesen Fremden, Frau?«, fragte er die Wirtin. »Wir können sie doch nicht einfach draußen stehen lassen. Sonst steht morgen in der Zeitung: ›Erbarmungsloser Wirt schickt schwangere Frau in die kalte Nacht hinaus!‹ Heutzutage kann sich kein Wirt eine schlechte Reklame leisten.«

»Geht doch zum ›Löwen‹ unten an der Kreuzung«, schlug Christine vor.

»Der ist auf Skiurlaub«, sagte der Vater.

»Und das Kaffeehaus neben der Tankstelle – das hat auch zu, da ist überhaupt niemand dort in der letzten Zeit«, überlegte Christine.

»Wieso kennst du das Kaffeehaus?«, fragte der Vater.

»Nur ein ganz kleines Plätzchen«, bat die Mutter schnell.

»Sonst gehen wir zur Zeitung!«, drohte der Vater.

»Ich hab wirklich keinen Stall«, sagte Stefan. »Nur eine Garage.«

»Aber ich bin doch ein Esel!«, protestierte Liesi. »Wo soll ich denn wohnen, wenn es hier keinen Stall gibt?«

»Meinetwegen könnt ihr in der Garage bleiben«, sagte Stefan. »Aber sehr gemütlich ist es dort nicht.«

»In der Garage gibt es doch keinen Esel! Ihr seid gemein!«, schimpfte Liesi.

»Du bist mein Motorrad«, sagte Stefan. »Du bist eben ein moderner Esel.«

»Du spinnst ja!«, schrie Liesi.

»Dann bist du der Wirtshaushund«, schlug Christine vor. »Du kannst in die Garage laufen und die Fremden anschnüffeln.«

»Aber ich schnüffle ganz lieb!«, sagte Liesi. »Ich bin nicht so unfreundlich wie der Wirt und die Wirtin.«

»Also, dann geh in die Garage!«, sagte Stefan. »Wartet, ich sperr euch auf!« Stefan trat ins Vorzimmer. »Die Garage ist das Badezimmer«, sagte er rasch. »Kommt, liebe Fremdlinge, und geht nicht zur Zeitung! Liebe Frau, hast du nicht einen alten Wintermantel, den du der Maria borgen kannst, oder eine Decke?«

»Kommt nicht in Frage«, sagte Christine. »Soll es doch zu Hause bleiben, dieses Gesindel! Hat ihnen ja keiner gesagt, sie sollen in unser Land kommen!«

»Wo hast du denn diese Reden her?«, fragte der Vater, aus der Rolle fallend.

»Wir haben für den Unterricht solche Aussprüche gesammelt und aufgeschrieben, was die Leute reden. Es ist schrecklich, wie viele Leute so reden!«, fügte sie hinzu und schaute den Vater herausfordernd an.

»›Gesindel‹, hab ich noch nie gesagt«, bemerkte der Vater.

»Aber so ähnlich!«

»Müsst ihr denn auch noch zu Weihnachten streiten?«, fragte die Mutter. »Wir spielen doch Theater! Wir hätten uns an die Geschichte halten sollen.«

»Ich finde es lustig, dass der Wirt Maria und Josef in die Garage schickt«, meinte Stefan.

»In der Garage gibt es aber keine Krippe«, wandte Maria ein. »Wo soll ich da mein Kind hinlegen?«

»Und der Boden ist aus Beton. Nirgends gibt es Stroh zum Schlafen und nirgends Heu, um das Kindlein zuzudecken«, sagte die Großmutter.

»Höchstens einen alten Putzfetzen, aber der stinkt nach Benzin«, sagte Liesi und schnüffelte als Hund an den Fremden.

»Ich werde dein Kind mit meinem Fell wärmen«, sagte sie zu Maria.

Maria strich dem Hund über den Kopf.

»Habt ihr nicht vielleicht eine alte Matratze?«, fragte Josef. »Oder einen alten Autositz?«

»Seid froh, wenn ihr überhaupt in die Garage dürft!«, sagte die Wirtin. »Werdet nicht unverschämt!«

»Puh, du bist aber böse!«, sagte Liesi.

»Hast du das Auto abgesperrt, lieber Mann?«, fuhr die Wirtin unbeirrt fort. »Diese Leute setzen sich womöglich in unser Auto hinein und machen alles schmutzig.«

»Christine, jetzt ist es aber genug!«

»Ich bin die böse Wirtin!«, rief Christine hitzig. »Und ich red genauso, wie die Leute wirklich reden! Glaubst du, sie waren damals netter?«

»Ist es denn in einem Stall wärmer als in einer Garage?«, fragte Liesi.

»Ja, selbstverständlich«, sagte der Vater. »In einem Stall mit Tieren ist es immer warm.«

»Außerdem stinkt es in der Garage nach Benzin.«

»Ja«, sagte Liesi. »In einem Stall stinkt es wirklich viel besser. Ich glaube«, sagte sie, »wauwau, Frau Wirtin, wauwau, Herr Wirt, ich glaube, wir sollten die Fremden doch ins Wohnzimmer lassen, wauwau!«

»Hm«, sagte Stefan. »Hier in der Garage ist es wirklich ungemütlich.«

»Hm«, sagte auch Christine. »Na gut, zu Weihnachten muss ja eine Geschichte gut ausgehen, oder?«

»Habt Dank, liebe Frau Wirtin!«, sagte Maria.

»Legen wir sie doch gleich ins Gästezimmer!«, schlug Liesi vor.

»Du bist ein Hund«, sagte Stefan streng. »Du kannst nicht so viel reden.«

»Ich bin ein Weihnachtshund«, verteidigte sich Liesi. »Ich kann schon reden, gelt, Großmutter?«

Sie führten also Maria und Josef ins Gästezimmer.

»Hier ist es nicht sehr aufgeräumt«, sagte die Mutter und schob mit einer Handbewegung die Bügelwäsche auf einen Haufen zusammen.

»Lauter Heu«, sagte Liesi.

»Hier wäre doch wirklich Platz für einen Fremden«, sagte Christine nachdenklich. »Ich meine, in Wirklichkeit. Wir haben doch fast nie Gäste. In der Schule haben wir davon gesprochen: Wenn jede Familie, die irgendwie

Platz hat, einen Flüchtling aufnehmen würde . . . könntet ihr euch das vorstellen!«, fragte sie plötzlich sehr sanft.

»Die Probleme liegen ganz woanders«, sagte der Vater ausweichend. »Man müsste die ganze Welt so ändern, dass es keine Flüchtlinge mehr geben muss.«

»Das stimmt schon«, gab Christine zu. »Aber jetzt sind sie da. Und wenn wir auch nur einem einzigen Menschen helfen . . .«

»Dann ist es ein bisschen wärmer auf der Welt«, sagte die Großmutter.

»Spielen wir weiter!«, sagte Liesi. »Jetzt muss der Engel kommen.«

Kaschubisches Weihnachtslied

Wärst du, Kindchen, im Kaschubenlande,
wärst du, Kindchen, doch bei uns geboren!
Sieh, du hättst nicht auf Heu gelegen,
wärst auf Daunen weich gebettet worden.
Nimmer wärst du in den Stall gekommen,
dicht am Ofen stünde warm dein Bettchen,
der Herr Pfarrer käme selbst gelaufen,
dich und deine Mutter zu verehren.
Kindchen, wie wir dich gekleidet hätten!
Müsstest eine Schaffellmütze tragen,
blauen Mantel von kaschubischem Tuche,
pelzgefüttert und mit Bänderschleifen.
Hätten dir den eigenen Gurt gegeben,
rote Schuhchen für die kleinen Füße,
fest und blank mit Nägelchen beschlagen!
Kindchen, wie wir dich gekleidet hätten!
Kindchen, wie wir dich gefüttert hätten!
Früh am Morgen weißes Brot mit Honig,
frische Butter, wunderweiches Schmorfleisch,
mittags Gerstengrütze, gelbe Tunke.
Gänsefleisch und Kuttelfleck in Ingwer,
fette Wurst und goldnen Eierkuchen,
Krug um Krug das starke Bier aus Putzig!

Kindchen, wie wir dich gefüttert hätten!
Und wie wir das Herz dir schenken wollten!
Sieh, wir wären alle fromm geworden,
alle Knie würden sich dir beugen,
alle Füße Himmelswege gehen!
Niemals würde eine Scheune brennen,
sonntags nie ein trunkener Schädel bluten –
wärst du, Kindchen, im Kaschubenlande,
wärst du, Kindchen, doch bei uns geboren.

WILLI FÄHRMANN

Paco baut eine Krippe

achdem die Gonzales in die Stadt gegangen waren, stand die Hütte leer. Es war keine feste Hütte, nein, es war eher eine wacklige Bude. Wenn der Wind hart von den Bergen herblies, dann klapperten die losen Bretter an den Wänden und das Wellblechdach drohte wegzufliegen. Aber es war immerhin eine Hütte.

Paco wohnte bei seinen Eltern, nur einen Steinwurf weit von Gonzales' Hütte entfernt. Er war zehn Jahre alt und ziemlich groß für sein Alter. Bei der Maisernte hatte Don Alfredo ihm die Hälfte eines Männerlohns gezahlt. Zu wenig, fand Paco, denn er hatte gearbeitet wie ein ganzer Mann. Aber was Paco dachte, das scherte Don Alfredo wenig. Paco hatte jeden Abend den Tageslohn seiner Mutter gegeben. Fast den ganzen Lohn.

Der Mutter zerfloss das Geld zwischen den Fingern. »Es ist immer zu wenig«, seufzte sie, wenn sie aus Don Alfredos Laden kam und ein paar Kleinigkeiten eingekauft hatte.

»Und immer wieder landet das Geld bei Don Alfredo«, sagte Paco. »Er gibt es und er nimmt es wieder.«

Manchmal dachte Paco auch daran, es genauso zu machen wie die Gonzales und wegzulaufen von der Hazienda und in die Stadt zu gehen. Aber er hatte vom Leben der Gonzales in der Stadt nicht viel Gutes gehört. Seine Freunde Pedro und Alberto waren froh, wenn sie den Touristen für ein paar kleine Münzen die Schuhe putzen konnten, und Papa Gonzales hatte immer noch keine Arbeit gefunden.

Und dann war da ja auch noch Juanita, seine alte Eselin. Paco hatte sie von seinem Großvater geerbt, als der im Jahr zuvor gestorben war. Die Eselin und Großvaters wunderbarer Strohhut mit der breiten Krempe, das war Pacos Erbteil. Viel mehr hatte der Großvater auch nicht zu vererben gehabt. Im Gegenteil, in Don Alfredos Laden hatte er sogar Schulden gemacht. Aber Don Alfredo konnte manchmal auch großzügig sein. Er hatte die Schulden einfach durchgestrichen. Die Eselin sah Don Alfredo sich allerdings genau an. Aber wie gesagt, Juanita war alt und ihr Fell war wie von Motten zerfressen. Da sagte Don Alfredo zu Paco: »Wenn du das Tier haben willst, dann nimm es von mir aus.«

Paco hatte Juanita herausgefüttert und keiner sagte mehr: »Auf ihren Rippen kann man Gitarre spielen.« Paco brachte die Eselin in Gonzales' Hütte unter und Don Alfredo verbot es nicht.

Ja, manchmal war Don Alfredo wirklich großzügig. Aber am besten war es, dass er Paco erlaubte zu Doña Klara zu gehen. Doña Klara war die alte Tante von Don Alfredo. Sie hatte sich in den Kopf gesetzt den Kindern aus den Arbeiterhütten das Schreiben und das Lesen beizubringen. Paco aber sollte für Don Alfredo tagsüber in den Feldern arbeiten. Doch Doña Klara stritt mit Don Alfredo darüber. »Paco ist mein fleißigster Schüler«, sagte sie. »Er ist zwar schon zehn, aber ich wünsche, dass er bei mir in der Schule bleiben darf. Er ist ein heller Kopf.«

»Helle Köpfe sind gefährlich, Tante«, antwortete Don Alfredo. »Erst lernen sie lesen und schreiben, dann wollen sie mehr Lohn und schließlich auch noch ein Stück Land.«

Aber schließlich setzte Doña Klara ihren Willen durch. Was Paco in der Schule am besten gefiel, das waren Doña Klaras Geschichten. Wenn sie erzählte, dann wurden ihre Augen groß und rund. Die Kinder waren dann mäuschenstill.

Eine ihrer Geschichten war es auch, die jene wunderbare Nacht möglich machte, jene Nacht, von der viele auf der Hazienda noch Jahre später erzählten.

Doña Klara berichtete von der Geburt Jesu und es hielt sie nicht hinter ihrem Pult. Sie ging gebeugt vor den Kindern hin und her und war der heilige Josef. Dann plusterte sie sich auf und wies als Wirt mit barschen Worten und hartem Gesicht Maria und Josef aus dem Haus.

Besonders gern hatten es die Kinder, wenn sie der Engel war. Sie stand dann mit weit ausgebreiteten Armen da und verkündete die Frohe Botschaft. Ihr Gesicht strahlte wie Engelsglanz. Und wenn sie Ochs und Esel darstellte und brummte und laut I-A schrie, dann mussten die Kinder lachen. Die Freude sprang aber erst recht auf alle über, wenn sie, still und mit einem Male ganz jung geworden, das Jesuskind in ihrem Schoß wiegte.

Doña Klara konnte alles sein, Maria und Josef, der Engel, die Hirten, die Tiere und die Heiligen Drei Könige. Nur wenn Don Alfredo unversehens hereinschaute, dann war sie wieder die strenge Lehrerin Doña Klara.

Genau diese Geschichte von der Geburt Jesu war es, die in Pacos Kopf ein Nest baute. Es brütete in dem Jungen, bunte Vögel schlüpften aus und flogen ins Freie.

Paco schmückte eines Tages die Hütte von Gonzales mit immergrünem Efeu und schaffte, niemand weiß, woher, einen Futtertrog herbei. Juanita, die Eselin, wurde angeleint, weil sie immer an dem Grün knabberte. Aus einem Pappkarton schnitt Paco einen Stern aus und befestigte ihn über der Tür zur Hütte.

Dann wusch sich Paco so gründlich wie im ganzen Jahr noch nicht, rieb alle Flecken aus seinem Poncho und bürstete seinen schönen Hut.

»Paco geht auf Brautschau«, neckte ihn seine Mama, aber darüber konnte er nur lachen.

Paco fasste sich ein Herz und ging zum Herrenhaus hinüber. Noch nie vorher war er in Don Alfredos Haus gewesen. Zaghaft klopfte er an die große Tür. Carlos, der alte Hausdiener, öffnete. Er zog die Augenbrauen hoch und schaute auf Paco herab.

»Ich muss Don Alfredo sprechen«, sagte der Junge. Als Carlos stumm blieb, holte Paco einen halben Silberpeso hervor. Den hatte er vom Erntegeld zusammengespart. Er zeigte Carlos das Geldstück und ließ es dem Hausdiener in die Hand gleiten. »Es ist dringend, Carlos, sehr dringend«, sagte Paco.

Carlos drehte sich um und der Junge lief hinter ihm her in die große, kühle Halle.

So etwas war Paco bisher nur aus Märchen bekannt. Der Boden war mit weichen Teppichen ausgelegt, Bilder schmückten die Wände und von der Decke hing ein Leuchter mit tausend und abertausend glitzernden Kristalltropfen.

Carlos gab dem Jungen ein Zeichen, dass er warten solle. Er verschwand hinter einer mächtigen dunklen Tür. Kurz darauf kam Don Alfredo in die Halle und fuhr Paco barsch an: »Das sind ja ganz neue Moden. Kommst ungerufen in unser Haus und nimmst nicht einmal den Hut vom Kopf.«

Paco riss den Hut herunter und stotterte: »Ich möchte gern . . . ich wollte Sie fragen . . . ich brauche nämlich einen Ochsen, Don Alfredo, ganz dringend.«

Don Alfredo lachte laut und rief: »Hört euch das an! Einen Ochsen will der Bursche. Als ob ich mir nichts, dir nichts einen Ochsen verschenke.« Es öffneten sich zugleich zwei Türen und Doña Klara und Doña Esmeralda, die Frau von Don Alfredo, schauten, was es in der Halle Vergnügliches gab. »Einen Ochsen will er«, rief Don Alfredo und prustete vor Lachen. »Warum nicht gleich eine Kuh dazu oder eine ganze Herde, wie?«

»Nur einen einzigen Ochsen, Don Alfredo, bitte. Aber ein kräftiges Tier soll es schon sein. Geschenkt will ich den Ochsen ja nicht. Ich will ihn nur leihen, leihen für eine einzige Nacht.«

Don Alfredos Lachen brach ab. »Leihen! Einen Ochsen? Für eine einzige Nacht?«

Da wurde Paco eifrig und es sprudelte nur so aus ihm heraus.

»Eine Krippe will ich bauen, so wie Doña Klara erzählt hat, und mein Esel soll dabei sein, wie Doña Klara erzählt hat, und Maria und Josef, wie Doña Klara erzählt hat, und auch ein Ochse, wie . . .«

»Doña Klara erzählt hat«, sagte Don Alfredo und schaute seine Tante spöttisch an. Doch die zuckte nur die Schultern.

»Damit man sich's besser vorstellen kann, das mit der Geburt in Bethlehem.« Paco hatte den letzten Satz ganz leise gesprochen.

Don Alfredo blickte finster auf den Jungen und der ging allmählich rückwärts auf das Eingangsportal zu. »Werden von Tag zu Tag dreister, diese Pacos«, grollte Don Alfredo.

Aber da sagte Doña Klara: »Kann es schaden, lieber Neffe, wenn du dem Jungen den Wunsch erfüllst? Du wirst nicht ärmer davon, aber er fühlt sich für eine Nacht reich wie ein König.«

Don Alfredo zögerte noch, dann aber sagte er: »Na, meinetwegen. Weil ja bald Weihnachten ist.«

Alles andere ging ganz leicht. Maria Simancas war nur wenig älter als Paco. Sie sollte die Gottesmutter sein, weil sie ja auch Maria hieß und so lange, schwarzlockige Haare hatte. Maria wollte ihren kleinen Bruder mitbringen. Das war ein dicker Säugling.

»Weil er so selten schreit«, sagte sie.

Mit dem heiligen Josef war es etwas schwieriger. Paco musste Fernando überreden und ihm sogar eine Flasche Agavenschnaps versprechen, bevor er sich bereit fand Marias Mann zu sein. »Die Hirten werden von selber kommen«, hoffte Paco.

»Und der Engel?«, fragte Mama ihn. Paco druckste eine Weile herum, aber dann sagte er: »Ich dachte, du, Mama.«

Da lachte sein Vater so laut, dass das Papier zerriss, das er über die zerbrochene Fensterscheibe geklebt hatte.

»Ein kugelrunder Engel mit zwei Zentnern«, brüllte er und geriet vor lauter Lachen ganz außer Atem.

»Ich habe kein weißes Kleid, Paco«, sagte Mama traurig. »Engel müssen leuchten.«

»Aber du hast eine wunderschöne Stimme, Mama. Du

könntest dich hinter Gonzales' Haus stellen. Dann singst du, was du jedes Jahr an Weihnachten singst: ›Halleluja, Frieden und Halleluja‹.«

Immer noch lachte der Vater. Das ärgerte die Mama und sie sagte: »Das mache ich, Paco.«

Gegen Abend ließ Don Alfredo den Ochsen bringen. Ein junger Hirte führte ihn am Nasenring. Als die Sonne unterging, da kamen fast alle aus ihren Häusern und schwatzten und lachten und liefen zu Gonzales' Hütte. Die Tür und die Fenster standen weit offen. Maria hockte vor dem Trog und hatte den Säugling auf Maisstroh gebettet. Ochs und Esel lagerten friedlich auf dem Boden und Fernando stand auf einen Stab gestützt hinter Maria. Paco zündete eine Stalllaterne an. Es war ein merkwürdiges Bild da in dem Lichtkreis. Alle wurden ganz still und schauten. Wer eigentlich damit angefangen hatte, wusste später niemand mehr zu sagen, aber auf einmal gab einer eine reife Melone, ein anderer legte drei große Maiskolben vor dem Trog nieder, eine Frau schenkte eine fast neue Windel und ein Krug Milch und ein frisches Brot wurden in die Hütte gereicht.

Gerade als Don Alfredo, Doña Esmeralda und Doña Klara aus dem Herrenhaus herüberkamen, da begann hinter der Hütte Mama das Halleluja mit lauter, klarer Stimme zu singen.

Es war kühl geworden und Don Alfredo und die Frauen hatten sich in lange, weite Mäntel gehüllt. Vor ihnen tat sich eine Gasse auf. Schnurstracks gingen sie unter dem Stern her in Gonzales' Hütte hinein.

»Puh!«, sagte Doña Esmeralda, »hier riecht es nicht gut.« Sie holte ein Parfümfläschchen aus ihrer Tasche. Doch es rutschte ihr aus der Hand und zersprang auf dem Boden. Ein wunderbarer Duft durchströmte die Hütte. Don Alfredo schaute sich nach Paco um, doch es war inzwischen dunkel geworden und er konnte ihn in dem matten Schein der Laterne nicht sehen. Da legte Don Alfredo ein Geldstück zu den Geschenken. Es glänzte wie Gold.

Doña Klara hatte Paco entdeckt. »Damit alles richtig wird«, flüsterte sie ihm zu. »Ich habe ein Beutelchen Myrrhe mitgebracht.« Und für einen Augenblick war sie einer der Heiligen Drei Könige. Und für kurze Zeit war ein großer Friede in Gonzales' Hütte. Don Alfredo und Mama, Doña Esmeralda, Doña Klara und Maria, ja, selbst der mürrische Fernando, sie alle waren nicht arm oder reich, nicht Herren oder Landarbeiter, nicht vornehme Damen oder arme Indiofrauen, in diesem Augenblick waren sie alle nur Menschen.

Dann erlosch die Stalllaterne. Als sie die Nachtkälte zu spüren begannen, liefen sie auseinander, die einen in ihre Hütten, die anderen in das Herrenhaus.

Doch von dieser Nacht an, in der sie einen kurzen Blick in eine andere Welt getan hatten, erzählen die Leute in jener Gegend bis auf den heutigen Tag immer wieder die Geschichte von Paco und seiner Krippe.

RUDOLF OTTO WIEMER

Der uralte Hirte von Bethlehem

icha möchte gern wissen, ob der Großvater an der Krippe in Bethlehem gewesen ist.

»Oh ja, ich war dort«, sagt der Großvater. »Aber nicht gleich. Jedenfalls ist das lange her.«

»Wann?«

»Als ich noch ein Hirt war«, sagt der Großvater.

»Hast du das geträumt?«

»Nein«, sagt der Großvater, »das denke ich mir aus. Und wahrscheinlich bin ich ein Schafhirte gewesen.«

»Ein Schafhirt in Bethlehem?«

»Ja, so stelle ich mir das vor«, sagt der Großvater. »Uralt war ich und sehr misstrauisch. Deshalb dachte ich auch gleich an den Wolf.«

»Warum an den Wolf?«, fragt Micha.

»Hirten müssen immer an den Wolf denken. Hast du nie davon gehört?«

»Doch«, sagt Micha. »Der Wolf schleicht nachts um die Herde und will vielleicht eins von den kleinen Lämmern fressen, wenn keiner aufpasst – sagt Sabine.«

»Aha, Sabine aus dem Kindergarten!«, nickt der Großvater. »Deshalb dachte ich ja auch: Einer muss bei den Schafen bleiben, wenn sie alle zur Krippe gehen wollen. Damit die Herde nicht ohne Schutz ist.«

»Und du bist bei den Schafen geblieben?«, fragt Micha.

»Ja«, sagt der Großvater. »Ganz allein saß ich in der Hürde und stützte den Kopf in die Hände. Ein Feuerchen brannte, weil es kalt war in dieser Nacht. Um mich herum hatten die Schafe sich zusammengedrängt und ruhten sich aus. Manchmal hörte ich sie leise schnaufen.«

»Und dann? Ist der Wolf dann gekommen?«

»Ja. Plötzlich stand er vor mir. Ich muss wohl doch ein wenig eingenickt sein. Da schreckte ich hoch und sah seine großen Augen.«

»Was wollte der Wolf?«

»Er hatte gar keine Angst vor mir. Dicht heran kam er und fragte mit seiner rauen Stimme: Weshalb bist du nicht bei der Krippe? Ich sagte: Weil ich auf dich gewartet habe. – Was? Auf mich hast du gewartet?, fragte der Wolf. Warum auf mich? Ich antwortete: Ich kenne dich doch. Ich weiß, du hast Hunger und bist ein gefährlicher Räuber. Aber sieh dich vor! Ich leide es nicht, wenn du dich in die Herde einschleichst! Dabei griff ich zu meiner scharf geschliffenen Axt.«

»Sah der Wolf wirklich böse aus?«, fragt Micha.

Der Großvater besinnt sich eine Weile. »Viele Wölfe haben ich gekannt, solange ich Schafhirte war. Nie habe ich etwas anderes gehört, als dass sie Bösewichte sind. Aber merkwürdig, dieser Wolf kam mir seltsam vor. Scheu blickte er mich an und schwieg. Deshalb fragte ich ihn: Bist du denn nicht gekommen mir ein Schaf oder ein Lamm wegzurauben? Der Wolf schüttelte den Kopf. Nein, sagte er, ein Schaf hätte ich doch längst rauben können, während du schliefst. Meinst du nicht, alter Hirt? Ja, das musste ich zugeben. Müde war ich gewesen und wenig wachsam. Ich stellte die Axt auf die Seite. Fast schämte ich mich vor dem grauen, zottigen Tier. Ich sagte: Das begreife ich nicht, Wolf. Weshalb bist du denn heute so anders?«

»Und was sagte der Wolf?«

»Diese Nacht ist auch anders, sagte er. Eine hochheilige Nacht hat er sie genannt oder so ähnlich. Ich fragte ihn, woher er das so genau wüsste. Oh, sagte der Wolf, der Stern war sehr groß und der Engel stand leibhaftig auf der Erde. Hast du beides nicht bemerkt? Ich sagte: Uralte Hirten sind schwerhörig und fast schon blind. Misstrauisch sind sie obendrein. Da kam der Wolf noch näher heran und sagte: Hör mal, du musst nach Bethlehem gehen, du blinder, schwerhöriger Hirt. Dort ist ein Stall mit einer Krippe. Und an dieser Krippe bin ich auch gewesen. Ich weiß also jetzt, dass dies eine besondere, eine hochheilige Nacht ist.«

Micha sagt: »Hat der Wolf das Jesuskind gesehen?«

»Ja, er hat es gesehen. Dicht vor der Krippe hat er gestanden. Um ihn herum die Hirten. Und Ochs und Esel und viele andere Tiere: Katze und Maus, Fuchs und Hase, Löwe und Lamm. Sie alle hockten friedlich neben-

einander, behauptet der Wolf. Keins hat das andere gefressen. Nein, in dieser hochheiligen Nacht sind sie alle
wie Bruder und Schwester.«

Micha schüttelt den Kopf. »Aber es bleibt nicht immer
so, hat Sabine gesagt.«

»Recht hast du!«, ruft der Großvater. »Aber Recht hatte
auch der Wolf.«

»Was sagte er?«

»Geh ohne Sorge, sagte er. Und noch etwas, dabei blickte er mich ernsthaft an. Ich will, sagte er, solange du fort
bist, auf die Schafe und Lämmer Acht geben. Damit ihnen nichts Böses geschieht. Vielleicht haben nicht alle
den Stern und das Kind gesehen.«

»Bist du dann hingegangen, Großvater?«

»Ja, ich bin nach Bethlehem gegangen und habe das Jesuskind gesehn.«

»Und der Wolf hat die Schafe gehütet?«

Der Großvater lacht. »Was meinst du, so etwas Merkwürdiges habe ich noch nie erlebt, so uralt ich auch bin.
Bedenke doch, Micha: ein Wolf als Schafhirt! Nein, unmöglich kommt mir das vor, sooft ich daran denke. Und
es ist trotzdem wahr.«

WILLI FÄHRMANN

Der große Frieden

Manchmal stieg ein großer Frieden
leis und licht vom Himmelszelt,
wenn der Finger Gottes rührte
sanft und zärtlich an der Welt.

In des Paradieses Garten
spielt der Löwe mit dem Lamm
und der Atem Gottes machte
selbst die wilden Tiere zahm.

Tief im Bauch der Arche drinnen
fasst das Kind die Natter an,
doch es floss beim Lächeln Gottes
nicht das Gift aus ihrem Zahn.

Seit der Engel uns verkündet:
Gottes Sohn ist heut geborn,
Frieden soll auf Erden werden,
geht die Hoffnung nicht verlorn.

Hoffnung auf den großen Frieden
unterm weiten Himmelszelt,
Finger Gottes, komm, berühre
unsre Herzen, unsre Welt.

WILLI FÄHRMANN

Manuel hat gelacht

s ging auf den Abend zu, als der Zug in Köln ankam. Viele Leute stiegen aus. Der Mann und die Frau standen wie verloren auf dem Bahnsteig. Es war kalt und sie waren fremd in der großen Stadt.

Der Mann sagte: »Wir werden uns ein Zimmer für die Nacht suchen.«

»Das ist gut«, antwortete die Frau. »Es wird nicht mehr lange dauern.« Er nickte.

Sie fragten mehrmals nach einem Zimmer, fanden aber keins. Es war kurz vor Weihnachten und alle Zimmer waren besetzt. Vielleicht hätten sie noch etwas gefunden, aber der Mann und die Frau sahen ärmlich aus und jeder konnte es sehen, die Frau war schwanger. Lange konnte es nicht mehr dauern, bis das Kind geboren würde.

Schließlich sagte man ihnen: »Dort in der Straße um die Ecke, da ist ein Nachtasyl. Da kann man übernachten, wenn man keine Wohnung hat.«

Ein Mann mit einer Bierflasche in der Hand zeigte ihnen das Haus. Sie klingelten.

Der Verwalter schaute aus dem Fenster. »Dies ist nur ein Haus für Männer«, sagte er. »Ich darf hier keine Frauen aufnehmen.«

Die junge Frau erschrak. Sie fasste mit beiden Händen ihren Leib.

»Was ist?«, fragte der Mann.

Sie antwortete: »Die Wehen fangen an. Ich kann nicht mehr weiter.«

Der Verwalter hatte Mitleid mit der Frau und sagte: »Na, dann kommen Sie mal herein. Ich habe dahinten im Haus noch eine Kammer.«

Er führte sie durch den Männerschlafsaal in ein winziges Zimmer. Es dauerte ein paar Stunden, dann war das Kind geboren. Später zeigte die Frau den Männern das Baby. Einer fragte: »Wie soll der Junge heißen?«

Die Mutter antwortete: »Manuel soll er heißen.«

Die Männer wunderten sich über den Namen, aber sie dachten daran, dass die junge Frau von weit her gekommen war.

Einer kramte in seinem Rucksack. Er zog vier Papierblumen heraus. Die schenkte er der Mutter. Auf einmal hatten alle etwas, was sie der Mutter und dem Kind schenken wollten. Ein Mann holte ein fast neues Schaffell herbei und sagte: »Damit Manuel es gut warm hat.«

Ein anderer sagte: »Moment mal. Ich muss doch irgendwo noch einen weichen Wollschal haben.«

Er kramte in seinem Plastikbeutel und fand den Schal. Es war wirklich ein schönes Stück, leuchtend rot und flauschig. Er reichte ihn der Frau. »Für Manuel«, sagte er.

Auch die Frau des Verwalters kam herein und wollte das

Kind anschauen. »Was ihr Kerle euch nur einfallen lasst«, sagte sie. »Schal, Fell und Papierblumen! Was das Kind braucht, das sind Windeln, ein paar Babyjäckchen und kleine Höschen.«

Da fragte ihr Mann: »Klara, liegen in unserer Schublade nicht noch die Sachen von unserer Tochter Elisabeth?«

»Sicher, Franz«, rief die Frau. »Dass ich daran nicht selber gedacht habe!« Sie lief in ihre Wohnung und kam zurück mit Windeln, Jäckchen und Höschen und mit einer wunderschönen blauen Babymütze.

»Nimm das für dein Kind«, sagte sie zu der Mutter.

»Guckt mal«, sagte ein sehr alter Mann. »Ich glaube, Manuel hat gelacht.«

Alle sahen es.

Da nahm der alte Mann seine Mundharmonika. »Ich habe schon lange nicht mehr darauf gespielt«, sagte er. »Hoffentlich kann ich es noch.«

Er blies ganz zarte Töne hervor und die Männer begannen zu summen und leise mitzusingen. Und weil Weihnachten vor der Tür stand, sangen sie: »Es ist ein Ros entsprungen« und »Seid nun fröhlich, jubilieret«.

»Schluss jetzt«, sagte die Frau des Verwalters. »Die Mutter und das Kind brauchen Ruhe.« Und der Verwalter murmelte: »Komisch, so friedlich waren die Kerle im Nachtasyl noch nie.« Dann fügte er hinzu: »Es fehlt nicht viel, dann schaffen die auch noch Ochs und Esel herbei!«

Wenig später löschte er das Licht.

Manche der Männer aber lagen noch lange wach und es kam ihnen die Zeit in den Sinn, in der sie selber noch Kinder gewesen waren. Einer sprach schon halb im Schlaf: »Merkwürdig, dass das alles bei uns passiert ist. Das wird uns kaum einer glauben, wenn wir es weitererzählen.«

ERWIN ANDEREGG

Der Stern im Auge

n einem überfüllten Müllcontainer eines Vorortquartiers lag zuoberst ein Buch mit einem weißen Deckel. Der große Müllabfuhrwagen, der am 24. Dezember bereits morgens um acht Uhr vorfuhr, öffnete seinen Rachen. Beim Hineinkippen rutschte das Buch seitwärts weg und fiel zu Boden. Der damit Beschäftigte war jedoch bereits im Begriff, den leeren Container zu seinem Platz zurückzustoßen, sodass er das Buch übersah. Der Wagen fuhr weg, so rasch wie möglich, denn die Angestellten der Müllabfuhr wollten an diesem Tag rechtzeitig mit der Arbeit zu Ende kommen.

So lag das Buch auf der Quartierstraße, inmitten von Überresten schmutzigen Schnees. Ein Mädchen, das etwa acht Jahre zählen mochte, sah das Buch und hob es auf. Der weiße Deckel war auf der Oberseite noch ziemlich sauber, nur die Unterseite war vom Straßenschmutz befleckt.

Als das Mädchen das Buch näher betrachtete, entdeckte es, dass der Buchrücken mit Goldbuchstaben bedruckt war. Es buchstabierte und fand das Wort heraus: »Bibel«.

Franziska, so hieß das Mädchen, dachte nach: Bibel, das

105

war doch das Buch, in dem auch die Weihnachtsgeschichte zu lesen war. In der Schule hatten sie gestern ein
Weihnachtsspiel aufgeführt. Franziska hatte den Beginn
der Geschichte von einem mit Schreibmaschine beschrif-
teten Zettel ablesen müssen, »so, wie sie in der Bibel
steht«, hatte die Lehrerin bei der Rollenverteilung gesagt.
Franziska war darüber nicht erfreut gewesen. Viel lieber
hätte sie eine Hirtin, einen Engel oder gar Maria gespielt.
Aber die Lehrerin hatte die Wahl als »Sprecherin« damit
begründet, dass Franziska als beste Leserin in der Klasse
am ehesten fehlerlos den biblischen Bericht, in dem auch
fremde Wörter vorkämen, lesen könne.

Tatsächlich galt es im Bericht Wörter wie »Quirinius«,
»Syrien«, »Galiläa«, »Judäa« auszusprechen und dies
war gar nicht leicht, wenn man erst das zweite Jahr in die
Schule ging.

Während Franziska das Buch von der Straße aufhob, erinnerte sie sich, wie sie gestern, ohne bei schwierigen
Wörtern anzustoßen, vorgelesen hatte:

»Es begab sich aber in jenen Tagen, dass vom Kaiser
Augustus ein Befehl ausging, dass der ganze Erdkreis
sich einschätzen lassen sollte. Diese Schätzung war die
erste und geschah, als Quirinius Statthalter von Syrien
war. Und es machten sich alle auf, um sich einschätzen
zu lassen, ein jeder in seine Stadt. Aber auch Joseph
ging von Galiläa aus der Stadt Nazareth hinauf nach Judäa in die Stadt Davids, welche Bethlehem heißt, weil er

aus dem Hause und dem Geschlecht Davids war, um sich mit Maria, seiner Verlobten, die schwanger war, einschätzen zu lassen.«

Wie schade, dachte Franziska, dass sie gestern nicht eine schöne weiße Bibel zum Lesen gehabt hatte, wie die auf der Straße gefundene. Sie hätte sie so in den Händen gehalten, dass alle die Goldbuchstaben am Buchrücken gesehen hätten. Dies wäre feierlicher gewesen als das Rascheln der Schreibmaschinenseiten, von denen sie den Text hatte ablesen müssen. Es wäre gewesen, als hätten ihr unsichtbare Engel ein himmlisches Buch in die Hand gedrückt.

Franziska war neugierig, wo denn in der Bibel die Weihnachtsgeschichte zu finden sei. Sie hatte ihre Eltern danach gefragt, aber diese besaßen keine Bibel oder wussten nicht, wo sie in der Wohnung versteckt herumlag. Eigentlich musste der Weihnachtsbericht am Anfang stehen, dachte das Mädchen. Aber als es zu lesen begann, wurde es enttäuscht. Das Buch begann mit der Überschrift »Das erste Buch Mose« und darunter stand »Genesis«. Zu lesen war: »Am Anfang schuf Gott den Himmel und die Erde. Die Erde war aber wüst und öde und Finsternis lag auf der Urflut und der Geist Gottes schwebte über den Wassern.«

Urflut, was war das? Aber glücklicherweise lautete die Fortsetzung: »Und Gott sprach: Es werde Licht! Und es ward Licht.«

Ja, das war's, dies hatte mit der Weihnachtsgeschichte zu tun: Licht. Licht vom Stern von Bethlehem, von den Engeln über den Hirten.

Als Franziska weiterlas, wurde sie jedoch wieder vom Text befremdet: »Und Gott schied das Licht von der Finsternis.«

Warum kam die Finsternis schon am Anfang der Bibel vor?

Franziska war nahe daran, das Buch wieder fallen zu lassen, als sie, den Buchdeckel innen betrachtend, auf etwas stieß, das sie bis jetzt übersehen hatte. Darauf war nämlich, in schöner Schrift von Hand geschrieben, etwas aufgezeichnet. Langsam buchstabierte sie es, bis sie die Worte verstand:

Dem Ehepaar

Robert und Rita Nerter-Zarg

zur Trauung am 29. Januar 1983

mit herzlichsten Segenswünschen des Pfarrers.

Den Namenszug, der in persönlicher Schrift darunter gesetzt war, konnte das Mädchen nicht entziffern. Aber noch einen Satz, den es lesen konnte, fand es geschrieben:

Trautext Psalm 17/8:

Behüte mich wie den Stern im Auge!

Die Worte waren nicht leicht zu verstehen und sie verwirrten anfänglich das Mädchen. Aber plötzlich war ihm klar: Sie hatten doch auch etwas mit Weihnachten zu tun, denn von einem Stern war ja hier die Rede. Aber »Stern im Auge«, was mochte dies bedeuten? Sie sann angestrengt nach, bis sie sich zu der Deutung entschloss: Wenn man an Weihnachten zum Himmel blickt und einen Stern sieht, fällt sein Licht in das Auge, aber man wird von ihm nicht wie von demjenigen der Sonne geblendet. Und von diesem Licht geht ein Strahl von Glück in das Herz.

Franziska nahm sich vor es heute Nacht zu versuchen. Sie würde nach der Feier in ihrer Familie heimlich auf den Balkon hinaustreten und zu einem Stern am Himmel schauen.

Aber da gab es ja auch, in die Bibel hineingeschrieben, die Namen eines Ehepaars. Zwei davon kamen dem Mädchen bekannt vor: »Rita« und »Zarg«. Diese beiden Namen standen doch bei ihrer Haustüre auf der Tafel mit den Klingelknöpfen. Zwei Stockwerke über ihnen, zur rechten Seite, wohnte eine Frau, die so hieß. Franziska sah sie selten; sie ging arbeiten, kam abends spät nach Hause und über das Wochenende war sie meistens weg. Sie grüßte nur rasch im Vorübergehen. In ihren Augen lag etwas Erloschenes, obwohl sie noch eher jung war.

Diese weiße Bibel gehört wohl Frau Zarg, dachte Franziska. Aber warum lag das Buch auf der Straße, im Schmutz? Hatte es die Frau weggeworfen? Oder war es aus irgendeinem Versehen dahin gelangt? Dann vermisste sie es wohl und war froh, wenn es wieder zurückgebracht wurde. So beschloss das Mädchen Frau Zarg die Bibel zurückzubringen.

Nach dem Mittagessen geht Franziska, ohne den Eltern etwas davon zu sagen, mit der weißen Bibel zwei Stockwerke höher hinauf. Dort angelangt, läutet sie an der Türe, die nach einiger Zeit von der Nachbarin geöffnet wird.

»Ist etwas nicht in Ordnung?«, fragt diese ungehalten, als sie das Mädchen dastehen sieht.

»Ich habe etwas gefunden, das Ihnen gehört«, antwortet Franziska und überreicht ihr die Bibel.

»Wo hast du das Buch gefunden?«, fragt Frau Zarg und es schwingt ein abweisender Ton mit.

»Auf der Straße«, antwortet das Mädchen.

»Aber ich habe es doch in den Müll geworfen, hast du dort drin herumgefummelt? Das solltest du nicht tun, es hat alte rostige Blechdosen drin, an denen du dich verletzen könntest, oder faules Zeug, das dich vergiftet.«

Franziska sagt leise: »Aber es ist doch eine Bibel!«

Frau Zarg beruhigt sich etwas. Sie nimmt die Bibel in Empfang und fordert das Mädchen auf hereinzukommen.

In der Wohnung bemerkt dieses, dass kein Tannenbäumchen und auch kein Tannenzweig mit Kerzen vorhanden ist. Es wundert sich darüber, ohne nach dem Grund zu fragen.

Als ob sie die Gedanken des Kindes erraten könnte, entschuldigt sich die Frau: »Mir ist nicht ums Feiern, weißt du. Ich bin seit kurzem geschieden. Deshalb habe ich auch das Buch fortgeworfen, es ist unsere Traubibel. Ich hatte keinen guten Stern über mir.« Sie hält inne und ist über sich selbst verwundert, dass sie einem kleinen Mädchen gegenüber so schwere Dinge aus ihrem Schicksal preisgegeben hat.

Das Mädchen sagt darauf: »In der Schule kenne ich fünf Kameradinnen und Kameraden, deren Eltern geschieden sind. Auch meine haben viel Streit.«

Frau Zarg fährt Franziska über das dunkle Haar.

»Du bist ein gutes Kind«, flüstert sie.

»Heute Nacht genau um neun Uhr müssen Sie auf den Balkon gehen, ich werde es auch tun und zum Himmel schauen«, sagt Franziska zu ihr, »dann fällt Ihnen und mir das Licht vom Stern ins Auge.«

»Wie meinst du das?«

»So wie es in Ihrer Bibel steht.«

»Bist du sicher, dass es so geschehen wird?«

»Ja, und vom Licht des Sterns, das ins Auge fällt, fährt ein Strahl ins Herz.«

»Dann werde ich um neun Uhr auf dem Balkon stehen«, flüstert die Frau.

»Und ich werde Ihnen winken«, sagt das Mädchen.

Sollte es das Christkind gewesen sein?

s war einmal eine gute Frau, die sich an Weihnachten eine Ehre daraus machte, arme Kinder zu beschenken. Schon lange vor dem Fest fing sie an Kuchen zu backen, um sie in der Kirche vor der Krippe zu verteilen.

Als sie mit ihrer Arbeit fertig war, erfüllte ein herrlicher Duft das Haus und drang bis auf die Straße hinaus. In Reih und Glied standen die Kuchen auf einem langen Tisch. Ihr Anblick erfüllte die Frau mit Stolz und Freude.

Da klopfte es plötzlich an der Tür.

Vor der Tür stand ein fremdes Kind und schaute sie bittend an.

»Gibst du mir einen Kuchen?«, fragte es.

Aber es reute die gute Frau, einen der Kuchen jetzt schon wegzugeben.

»Wo denkst du hin!«, sagte sie. »Weihnachten ist erst in einer Woche!«

»Weihnachten ist heute«, sagte das Kind.

Doch die gute Frau dachte an nichts anderes, als das Kind wolle mit List einen ihrer Kuchen ergattern.

Sie wies ihm streng die Tür.

Am Heiligabend packte sie die Kuchen ein.

Als sie damit in die Kirche kam, sah sie den Pfarrer und den Küster aufgeregt vor der Krippe stehen.

Sie war leer.

Da erinnerte sich die Frau an das fremde Kind und erschrak.

Sollte es das Christkind gewesen sein?

Die Nacht des 24. Dezember

üster ist der alte Bischofsplatz, der Salpeter tropft aus seinen Mauern, in den Winternächten dort zu verweilen ist eine Qual. Die Kathedrale daneben ist gewaltig groß, ein Leben reicht nicht aus, um sie ganz zu durchwandern, und es gibt darin ein solches Gewirr von Kapellen und Sakristeien, dass einige nach jahrhundertelanger Verlassenheit noch fast unerforscht sind. Was wird – so fragt man sich – der abgezehrte Erzbischof am Weihnachtsabend ganz allein tun, wenn die Stadt das Fest begeht? Wie wird er der Schwermut Herr werden? Alle haben einen Trost; das Kind hat die Eisenbahn und den Kasperle, das Schwesterchen hat die Puppe, die Mutter hat die Kinder um sich, der Kranke hat eine neue Hoffnung, der alte Junggeselle hat den Gefährten seiner Zerstreuung, der Häftling die Stimme eines anderen aus der Nachbarzelle. Was aber wird der Erzbischof tun?

Don Valentino, der diensteifrige Sekretär Seiner Exzellenz, lächelte, wenn er die Leute so reden hörte. Der Erzbischof hat Gott am Weihnachtsabend.

Wenn er mutterseelenallein inmitten der eisigen, leeren Kathedrale kniet, könnte er auf den ersten Blick fast Mitleid erwecken. Aber wenn die Leute wüssten! Mutterseelenallein ist er nicht und er friert nicht einmal und fühlt sich nicht verlassen. Am Weihnachtsabend schwebt Gott im Tempel über den Erzbischof und die Kirchenschiffe quellen buchstäblich von Gott über.

So ist der Dom an jenem Abend: überströmend von Gott. Und obwohl Don Valentino wusste, dass es nicht seines Amtes war, hielt er sich doch gar zu gerne damit auf, einen Platz für den Gebetsstuhl des Kirchenfürsten zu suchen. Das war freilich etwas anderes als Weihnachtsbäume, Truthühner und Schaumwein. Das war ein Weihnachtsabend. Aber mitten in diesen Gedanken hörte er an eine Tür klopfen.

»Wer klopft am Weihnachtsabend an die Domtür«, fragte sich Don Valentino. »Haben die Leute noch nicht genug gebetet? Was für eine Sucht hat sie ergriffen?«

Mit diesen Worten ging er öffnen und mit einem Windstoß trat ein armer, zerlumpter Mann herein.

»Wie viel von Gott ist hier!«, rief er lächelnd aus und sah sich um. »Wie viel Schönheit! Man spürt es sogar von draußen. Monsignore, könnten Sie mir nicht ein wenig davon geben? Denken Sie, es ist der Heilige Abend.«

»Das gehört der Exzellenz, dem Erzbischof«, antwortete der Priester. »Er braucht es in wenigen Stunden. Seine Exzellenz lebt schon wie ein Heiliger, du wirst doch nicht verlangen, dass er jetzt auch auf Gott verzichtet! Und außerdem bin ich niemals Monsignore gewesen.«

»Und auch nicht ein kleines bisschen könnten Sie mir

geben, Hochwürden? Es ist so viel davon da! Seine Exzellenz würde es gar nicht einmal merken!«

»Nein, habe ich gesagt . . . du kannst gehen . . . der Dom ist für die Allgemeinheit geschlossen«, und er geleitete den Armen mit einem Fünf-Lire-Schein hinaus.

Aber als der Unglückliche aus der Kirche hinausging, verschwand im gleichen Augenblick auch Gott. Bestürzt schaute sich Don Valentino um und forschte in den dunklen Gewölben: Selbst da oben war Gott nicht mehr. Dieser prächtige Apparat von Säulen, Statuen, Baldachinen, Altären, Katafalken, Leuchtern und Drapierungen, sonst immer so geheimnisvoll und mächtig, war unversehens düster und ungastlich geworden. Und in ein paar Stunden sollte der Erzbischof kommen. In höchster Erregung öffnete Don Valentino eine der äußersten Pforten und blickte auf den Platz. Nichts. Auch draußen keine Spur von Gott, wiewohl es Weihnachten war. Aus den tausend erleuchteten Fenstern kam das Echo von Gelächter, zerbrochenen Gläsern, Musik und sogar von Flüchen. Keine Glocken, keine Lieder.

Don Valentino ging in die Nacht hinaus, schritt durch die unheiligen Straßen, die von dem Lärm hemmungsloser Gelage widerhallten. Aber er wusste die rechte Anschrift. Als er in das Haus trat, setzte sich die befreundete Familie gerade zu Tisch. Alle sahen einander wohlwollend an und um sie herum war ein wenig von Gott.

»Frohe Weihnachten, Hochwürden«, sagte der Vater. »Wollen Sie nicht unser Gast sein?«

»Ich habe Eile, ihr Freunde«, antwortete er. »Durch eine Unachtsamkeit meinerseits hat Gott den Dom verlassen und Seine Exzellenz kommt gleich zum Gebet. Könnt ihr mir nicht euren Herrgott geben? Ihr seid ja in Gesellschaft und braucht ihn nicht so unbedingt.«

»Mein lieber Don Valentino«, sagte der Familienvater, »Sie vergessen, möchte ich sagen, dass heute Weihnachten ist. Gerade heute sollten meine Kinder ohne Gott auskommen? Ich wundere mich, Don Valentino.«

Und im selben Augenblick, in dem der Mann so sprach, schlüpfte Gott aus dem Hause, das freundliche Lächeln erlosch und der Truthahnbraten war wie Sand zwischen den Zähnen.

Und wieder hinaus in die Nacht und durch die verlassenen Straßen. Don Valentino lief und lief und erblickte ihn schließlich von neuem. Er war bis an die Tore der Stadt gekommen und vor ihm breitete sich die Dunkelheit, leicht im Schneegewande schimmernd, über das weite Land. Über den Wiesen und den Zeilen der Maulbeerbäume schwebte Gott, als wartete er. Don Valentino sank in die Knie. »Aber was machen Sie, Hochwürden?«, fragte ihn ein Bauer. »Wollen Sie sich in dieser Kälte eine Krankheit holen?«

»Schau da unten, mein Sohn! Siehst du nicht?«

Der Bauer blickte ohne Erstaunen hin.

»Das ist unser«, sagte er. »Jede Weihnacht kommt er, um unsere Felder zu segnen.«

»Höre«, sagte der Priester, »könntest du mir nicht ein wenig davon geben? Wir sind in der Stadt ohne Gott geblieben, sogar die Kirchen sind leer. Gib mir ein wenig davon ab, damit wenigstens der Erzbischof ein anständiges Weihnachten feiern kann.«

»Fällt mir nicht im Traume ein, Ihr lieben Hochwürden! Wer weiß, was für ekelhafte Sünden ihr in der Stadt begangen habt. Das ist eure Schuld. Seht allein zu.«

»Gewiss, es ist gesündigt worden. Und wer sündigt nicht? Aber du kannst viele Seelen retten, mein Sohn, wenn du mir nur Ja sagst.«

»Aber ich habe genug mit der Rettung meiner eigenen zu tun!«, sagte der Bauer mit höhnischem Lachen und im gleichen Augenblick hob sich Gott von seinen Feldern und verschwand im Dunkel.

Und Don Valentino ging weiter und suchte. Gott schien seltener zu werden und wer ein bisschen davon besaß, wollte nichts hergeben (aber im gleichen Augenblick, da er mit Nein antwortete, verschwand Gott und entfernte sich immer weiter). Endlich stand Don Valentino am Rande einer grenzenlosen Heide und in der Ferne am Horizont leuchtete Gott sanft wie eine längliche Wolke. Der Priester warf sich in den Schnee auf die Knie. »Warte auf mich, oh Herr«, bat er, »durch meine Schuld ist der Erzbischof heute allein geblieben.« Seine Füße waren zu Eis erstarrt, er lief im Schnee weiter und sank bis ans Knie ein und alle Augenblicke fiel er der Länge nach hin. Wie lange konnte er es noch aushalten?

Endlich vernahm er einen großen leidenschaftlichen Chor von Engelstimmen, ein Lichtstrahl brach durch den Nebel. Er öffnete ein hölzernes Türchen, es war eine riesige Kirche und in ihrer Mitte betete ein Priester zwischen einigen Lichtern. Und die Kirche war voll des Paradieses.

»Bruder«, seufzte Don Valentino, am Ende seiner Kräfte und mit Eisnadeln besetzt, »habe Mitleid mit mir. Mein Erzbischof ist durch meine Schuld allein geblieben und braucht Gott. Gib mir ein bisschen von ihm, ich bitte dich.«

Langsam wandte sich der Betende um. Und Don Valentino wurde, als er ihn erkannte, fast noch bleicher, als er ohnedies war.

»Ein gesegnetes Weihnachten, dir, Don Valentino«, rief der Erzbischof und kam ihm entgegen, ganz von Gott umgeben. »Aber Junge, wo bist du nur hingelaufen? Was hast du um des Himmels willen in dieser bärenkalten Nacht draußen gesucht?«

WILLI FÄHRMANN

Mirjam

ier Tage und Nächte goss es ohne Unterlass. Der Eiswind aus dem Norden mischte immer häufiger Schneewolken unter den Regen. Die Wege verloren sich im Morast und die Fahrspuren waren kaum noch auszumachen. Tief sanken die Räder ein. Die Tiere, von Jeremy unablässig angefeuert, quälten sich und legten sich mächtig ins Zeug. Oft genug mussten die Männer vom Wagen steigen und in die Speichen greifen. Die Vorräte, die jeder für sich mitgenommen hatte und die für die Zweitagefahrt bis Canton gerechnet gewesen waren, schmolzen zusammen. Am 24. Dezember schafften sie nur wenige Meilen. Die Maultiere und die Pferde waren völlig erschöpft und blieben nach immer kürzeren Wegstrecken verschwitzt und mit hängenden Köpfen stehen.

In einer Verschnaufpause sagte der alte Mann: »Wir legen am besten zusammen, was wir noch an Nahrungsmitteln haben. Wenn wir nicht sparsam damit umgehen und einteilen, dann lernen wir im reichsten Land der Welt den Hunger kennen.«

»Ich kenne ihn bereits«, klagte Hugo Labus. »Mein Magen knurrt und mein Beutel ist schon seit heute Morgen leer.«

»Das wäre ja noch schöner!«, protestierte der dicke Grumbach. »Ich habe in Jackson mein Geld für Speck und Brot hergegeben. Jetzt soll ich mit denen teilen, die zu geizig gewesen sind, um genügend vorzusorgen? Sollen sie doch ihre Dollars fressen. Ich jedenfalls gebe nichts her.«

»Recht hat er«, stimmte Gerhard Warich zu.

Otto Sahm sagte: »Jeder ist sich selbst der Nächste.«

Lenski und der Lehrer nickten.

»Macht doch, was ihr wollt!«, grollte der alte Mann erbost.

Meinen Apfel kriegt keiner, dachte der Junge. Den spare ich mir für morgen auf. Morgen ist Weihnachten.

»Wir müssen weiter«, mahnte Jeremy. »Es muss hier in der Gegend eine Pflanzung geben mit einem Herrenhaus und an die zwanzig Negerhütten. Bis dorthin werden wir es schaffen. Dort können wir genug zu essen bekommen und uns endlich wieder an einem Feuer aufwärmen.«

»Wir laufen hinter den Wagen her und halten uns in ihrem Windschatten«, sagte der alte Mann.

»Ist auch nötig, Massa«, stimmte Jeremy zu. »Die Tiere sind ziemlich am Ende.«

Der Junge spürte den Regen durch die Jacke dringen. Zuerst wurde die Haut an den Schultern nass, dann klebte das durchnässte Hemd auf seinem Rücken.

Es war beschwerlich, durch den Matsch zu gehen. Die Sohlen saugten sich fest. Mathildes Schuh war einmal im

121

Schlamm stecken geblieben und sie hatte Mühe, ihn wiederzufinden.

»Meine Hände und meine Füße sind eiskalt«, sagte der Junge zu Andreas Schicks, der neben ihm ging. »Aber mein Körper, der schwitzt.«

»Halt die Schnauze«, schnaufte Andreas.

Jeremy führte die Maultiere am Halfter und redete ihnen gut zu.

»Findest du den Weg, Jeremy?«, fragte der alte Mann ihn, als es Nachmittag wurde und die Dunkelheit aus den Wäldern kroch.

»Ja, Massa. Ich kenne den Weg. In einer Stunde etwa müssen wir das Haus sehen.«

Diese Auskunft belebte die Kräfte der Männer. Sie stapften jetzt neben den Wagen her, legten ihre Hände gegen die Holme und schoben ein wenig. Es ging schneller vorwärts.

Die Stunde war längst vorüber und es war fast dunkel geworden, da hörten sie Jeremy rufen: »Da ist das Tor! Wir haben es geschafft!«

Das Gittertor hing schief zwischen den mächtigen Mauerpfeilern. Der befestigte Weg führte genau auf den düsteren Schatten eines Hauses zu. Aber kein Fenster war erleuchtet, kein Hund schlug an. Nichts regte sich. Jeremy hielt die Tiere an. Die Männer liefen zu ihm nach vorn. Er stand neben dem Muli, hatte den Kopf in das schweißnasse Fell des Tieres gedrückt und schluchzte verzweifelt.

Alle sahen es. Hoch auf ragte der Kamin. Die Mauern waren zerbrochen und vom Brande geschwärzt.

Buschwerk wuchs aus den Fensterhöhlen. Der Wind pfiff um die Ecken der Ruine.

Der Junge hockte sich erschöpft nieder, ohne auf den Straßendreck zu achten, und lehnte sich mit dem Rücken gegen ein Rad des Wagens. Georgia beugte sich zu ihm hinunter und flüsterte, als ob sie sich davor fürchtete, mit lauten Worten eine neue Hoffnung zu verscheuchen: »An jedem Platz, an dem ein Herrenhaus steht, gibt es auch Hütten für Neger.«

Der Junge raffte sich auf und rief: »Die Hütten! Die Schwarzen, die hier wohnen, haben auch Hütten.«

»Lauf zu und schau nach, ob die verschont geblieben sind«, sagte der alte Mann müde.

Georgia lief dem Jungen voran, um das niedergebrannte Haus herum. Die befestigte Straße führte an den Trümmern der Wirtschaftsgebäude vorbei. Etwas abseits sahen sie die Mauerreste eines großen Schuppens.

Zögernd folgte der Junge dem Mädchen. Es war ihm unheimlich und es kam ihm vor, als ob sich hinter jedem Steinhaufen etwas bewegte. Er zeigte auf den Schuppen und sagte: »Alles ist zerstört. Lass uns umkehren.«

»Nein, da haben sie früher das Zuckerrohr gelagert und die Melasse gekocht«, antwortete Georgia. »Das sind nicht die Hütten.« Das überkrautete Steinpflaster endete in einem versumpften Weg. »Hier könnte der Platz für die Sklaven gewesen sein«, vermutete sie.

Sie fasste den Jungen bei der Hand und zog ihn mit sich. Ihre Hand ist warm, dachte der Junge. Zwei Schattenreihen von Schornsteinen stachen in den Himmel. Die Holzhütten, die einst den Weg gesäumt hatten, waren verbrannt, zerfallen.

»Dort«, sagte Georgia und deutete nach vorn.

Die dunklen Umrisse eines kleinen Hauses zeichneten sich am Fenster des zerstörten Anwesens ab. Sie näherten sich vorsichtig. Die Fensterlöcher waren mit Brettern vernagelt und die Tür fest verschlossen. »Ich glaube, es kommt Rauch aus dem Kamin«, sagte Georgia ängstlich.

»Komm, wir holen die anderen«, flüsterte der Junge.

Sie begannen zu rennen und berichteten, was sie entdeckt hatten.

»Wenigstens ein Dach über dem Kopf«, sagte Mathilde erleichtert.

Sie zogen bis vor die Hütte. »Ist hier jemand?«, rief Jeremy und klopfte gegen die Tür. Er bekam keine Antwort.

Der alte Mann stieß die Tür auf. Alle drängten ihm nach. Die Feuerstelle verriet, die Hütte war bewohnt. Die niedergebrannte Glut zeigte, dass die Menschen nicht weit sein konnten.

»Ist hier jemand?«, fragte Jeremy noch einmal in die Dunkelheit hinein. Er ergriff einige von den dürren Ästen, die an der Wand aufgestapelt waren, legte sie auf die Glut und entfachte mit seinem Atem vorsichtig das Feuer. Die Flammen züngelten empor, schlugen hoch und leuchteten den Raum aus.

In der Ecke hockten sie. Eine sehr junge, magere Negerin hielt ihren Säugling gegen die Brust gepresst und starrte die Eindringlinge aus großen Angstaugen an. Der Mann, ein breitschultriger Hüne, stand seitlich hinter ihr, leicht vorgebeugt, hatte die eine Hand auf die Schulter der Frau gelegt und in der anderen hielt er drohend ein Beil.

»Leg das Beil zur Seite, Bruder«, sprach Jeremy ihn an. »Wir wollen nichts von dir. Wir suchen ein Dach und ein wenig Wärme am Feuer.«

Einen Augenblick noch blinkte die Beilschneide schlagbereit über dem Kopf des Negers, dann aber ließ er den Arm sinken und fragte: »Wer seid ihr? Was wollt ihr hier?«

»Dies sind Zimmerleute. Wollen nach Canton. Aber es ist kaum ein Durchkommen auf den Wegen. Gleich morgen ziehen wir weiter.«

Lenski legte Feuerholz nach.

»Ist gut«, sagte der Neger. »Ist ja genug Platz in der Hütte.«

»Wir müssen die Tiere hereinholen«, sagte Jeremy, als sie die Pelze zum Trocknen an den Holzwänden aufgehängt hatten und die Männer sich rund um die Feuerstelle zu lagern begannen.

Die Pferde schritten vorsichtig durch das Türloch. Die

Mulis brauchten Jeremys Zuspruch, bevor sie die Hufe über die Schwelle setzten.

Jetzt wurde es eng in dem einen Raum.

»Was ist mit euch?«, fragte Jeremy die Neger. »Was sucht ihr hier an diesem öden Platz?«

»War nicht immer öde«, antwortete der Neger, »ich war früher hier Sklave bei Old Massa Hero. Bin hier geboren. Old Massa hat mich im Krieg nach Texas verkauft. Ich dachte, ich finde meine Mama noch hier. Wollte vielleicht farmen. Wir sind gestern hier angekommen. Aber ist niemand mehr hier. Alles zerstört.« Er schwieg eine Weile.

Der dicke Grumbach wickelte Speck und Brot aus der Zeitung und begann zu kauen. Alle spürten, wie hungrig sie waren, und die noch etwas zu essen hatten, suchten die Reste ihrer Vorräte zusammen. Mathilde hängte einen Topf mit Wasser über das Feuer. »Der Kaffee wenigstens reicht für alle«, sagte sie.

»Habt ihr für meine Frau einen Bissen Brot übrig?«, fragte der Neger. »Wir dachten, wir treffen auf unsere Leute. Früher gab es hier für uns zu Weihnachten genug zu essen. Old Massa Hero schenkte uns ein fettes Schwein, genug Bohnen und frisches Brot und Buttermilch. Weihnachten war der einzige Festtag im Jahr, an dem wir nicht zu arbeiten brauchten.«

»Wir haben selber nicht genug«, antwortete Grumbach verdrießlich und Otto Sahm deckte seinen Hut über sein

Brot. Sie saßen mit finsteren, verschlossenen Gesichtern, schwiegen und schienen bereit das Messer zu ziehen, wenn jemand nach ihrem Brot greifen würde.

»Mir wird warm«, sagte die junge Negerin leise zu ihrem Mann. Behutsam nahm er die Decke von ihren Schultern. Sie trug ein blassblaues Kleid. Das Kind auf ihren Armen, ein dicker, glatthäutiger Säugling, schlief ruhig und zufrieden.

»Sie hat ihn vor ein paar Stunden erst geboren«, sagte der Neger. »Es ist ein Junge.« Sie lächelte zaghaft.

Niemand sagte mehr etwas. Die Wärme breitete sich wohlig aus. Die Tiere schnoberten ab und zu und wendeten ihre Köpfe den Fremden zu. Zum Schlafen legte sich keiner. Alle schauten auf die Negerin und ihren Säugling. Der Mann hatte sich neben sie gehockt. Sie lehnte ihren Kopf an seine Schulter.

Es war, als ob von der jungen Familie, von dem Kind in den weißen Tüchern, irgendetwas ausstrahlte, das in ihre Herzen traf.

Auf einmal stand Lenski auf, brummte etwas in den Bart und kramte in seinem Beutel. Er ging die zwei Schritte zu der Frau und dem Kind hinüber und legte einen Kanten weißes Brot und ein Stück Käse vor sie auf den Boden. »Ist Weihnachten heute«, sagte er verlegen.

Und Jeremy gab einen Maiskolben und der Junge den Apfel. Und mit einem Male nahm einer nach dem anderen alles, was er noch zu essen hatte, und legte es in die

127

Mitte der Hütte auf den Boden. Als Letzter erhob sich der dicke Grumbach. Er hatte sich ein viel zu großes Stück Speck in den Mund geschoben und würgte daran. Er sah ein wenig wild aus, als er seinen Sack mit Brot und Fleisch und Obst an den Zipfeln packte und ausschüttete. »Ist ja Weihnachten heute«, sagte er mit vollem Munde. Aber alle verstanden ihn.

Die Härte war aus den Gesichtern verschwunden. Sie waren fröhlich und begannen miteinander zu reden und erzählten vom Weihnachtsfest bei ihnen daheim, dem fetten Gänsebraten, dem frischen Bier und den Nüssen und dem Backwerk, und ihre Augen begannen zu leuchten. Lenski ging noch ein paar Schritte vor die Hütte. Ganz aufgeregt kehrte er nach einer Weile zurück und sagte feierlich: »Der Regen hat aufgehört, ihr Männer. Der Himmel ist klar und ein Stern funkelt hell.«

»Wie damals«, sagte der alte Döblin.

Wer eigentlich als Erster in dieser Nacht den Neger Josef und seine Frau Mirjam genannt hatte, wusste später niemand mehr zu sagen. Aber die beiden lachten nur glücklich und widersprachen nicht.

Bratgeruch hing in der Luft und mischte sich mit dem Duft von starkem Kaffee. Jeremy begann zu singen:

>»Go, tell it on the mountain,
>Over the hills and everywhere.
>Go, tell it on the mountain,
>that Jesus Christ is born.«

Die anderen fielen ein, wenn sich dieser Kehrreim wiederholte, und bald wiegten sich alle im Rhythmus der Melodie.

»Mehr«, forderte der Lehrer, als Jeremy verstummte. Und sie sangen, was die Schwarzen seit langem bei der Arbeit auf den Feldern gesungen hatten:

>>The Virgin Mary had a baby boy,
and they said, his name was Jesus.<<,

oder:

>>Wasn't that a mighty day,
when Jesus Christ was born?<<,

und schließlich:

>>There's a star in the East
on Christmas morning.<<

Als es still wurde, fing Andreas Schicks an zu singen. »Es ist ein Ros entsprungen . . .« Sie lauschten seiner hellen, ruhigen Stimme und fielen erst bei der zweiten Strophe ein.

Blank gefegt zeigte sich der Himmel am nächsten Morgen. Kein Wölkchen war zu sehen. Die Luft roch frisch und rein gewaschen. Dennoch dachten die Zimmerleute zunächst nicht daran, aufzubrechen. Die Reste der Nahrungsmittel reichten für ein gutes Frühstück. Jeremy hatte dem Neger eindringlich zugeredet, jedes Kind müsse nach seiner Geburt schnell getauft werden, damit die bösen Geister ihm nichts anhaben könnten. Josef war damit einverstanden. Allerdings bestand er darauf, dass alle Zimmerleute und auch die Frauen die Taufpaten sein sollten. Denn schließlich seien sie die Ersten gewesen, die nach der Geburt des Jungen als Gäste ins Haus gekommen seien und ihr Brot mit ihnen geteilt hätten.

»Aber das ist unmöglich«, widersprach Mathilde, als sie von dieser Sache hörte.

»Warum ist es unmöglich, Missus Mathilde?«, fragte der Neger.

»Josef, bei uns bekommt jedes Kind den Vornamen des Taufpaten oder sein Name wird wenigstens an den Vornamen des Kindes angehängt.«

»Warum macht ihr das?«

»Damit der heilige Namenspatron des Taufpaten im Himmel die Hand über das Kind hält.«

»Und ein dritter oder ein vierter Name, das geht nicht?«

»Doch, das wird auch gelegentlich gemacht«, musste Mathilde zugeben.

»Ich glaube, unser König hat sogar fünf Vornamen.«

»Na, siehst du. Der Junge wird eben die Namen aller seiner Taufpaten bekommen.«

»Auf all unsere Namen willst du ihn taufen lassen, Josef?«

»Bei so vielen Namenspatronen wird ihm das Leben sicher gut gelingen. Und stell dir vor, Missus Mathilde, wenn er dann alt ist und stirbt, wie die Heiligen ihn empfangen werden!«

»Aber, Josef, wie willst du ihn rufen? Stell dir vor, er soll des Mittags an den Tisch kommen. Bis du all seine Namen genannt hast, bist du heiser und das Essen ist angebrannt.«

»Mathew soll sein erster Name sein. So werden wir ihn nennen.«

»Mathew? Aber wir haben doch gar keinen Mathew in unserer Kolonne.«

»Du, Missus Mathilde, du sollst den kleinen Mathew auf den Arm zur Taufe tragen. Mathilde und Mathew, das klingt doch ähnlich, oder?«

»Na ja«, sagte Mathilde, freute sich aber sehr darüber, dass auch sie Patin werden sollte.

Die Taufe verlief feierlich. Mathilde steckte aus ihrem Brautkleid ein langes Taufgewand zusammen. Das Taufbecken war ein mit grünen Kiefernzweigen geschmückter Zuber. Sogar eine Kerze hatte Gustav Krohl aus seinem Gepäck ausgegraben.

Lenksi sollte das Kind taufen. Er machte das mit großem Ernst. »Empfange das weiße Kleid«, sagte er. »Bewahre es ohne Makel. Und wenn du einst mit allen Heiligen zu Tische sitzt, dann wird die Freude groß sein.«

Er zündete die Kerze an und sprach: »Empfange das warme Licht. Es leuchtet dir auf deinen Wegen. Und du wirst selbst leuchten und anderen Licht sein.«

Dann schöpfte er aus dem Zuber mit der hohlen Hand Wasser und goss es über den schwarzen Krausflaum des Kinderkopfes, zeichnete mit dem Daumen langsam und groß ein Kreuz auf die Stirn des Täuflings und rief laut: »Ich taufe dich im Namen des Vaters und des Sohnes und des Heiligen Geistes. Dein Name soll sein: Mathew-Friedrich-Lukas-Gerhard-Otto-Hugo-Gustav-Wilhelm-...«, und ohne zu stocken, brachte er die lange Namensreihe zu Ende bis hin zu Georgia und Jeremy.

»So, das war es«, sagte Lenski und blickte unsicher in die Runde. »Ich habe nie zuvor ein Kind getauft. War es richtig?«

Alle klatschten Beifall. Sie wussten nicht, ob der Pfarrer in Liebenberg es genauso machte, aber dass es keiner von ihnen besser konnte, das wussten sie gut.

»Wir haben ein Taufgeschenk«, sagte der alte Mann. »Jeder von uns hat einige Dollars gegeben. Ich habe eine runde Summe daraus gemacht. Es sind dreißig Dollar geworden.«

»Dreißig Dollar?« Josef war verwirrt. »Massa Bienmann, ich habe in meinem ganzen Leben noch keine dreißig Dollar besessen.« Er staunte die Münzen an und jubelte: »Sagte ich es nicht? Mathew wird es gut gehen mit all seinen Heiligen.«

ANTON TSCHECHOW

Wanka

 anka Shukow, ein Junge von neun Jahren, vor drei Monaten dem Schuster Aljachin in die Lehre gegeben, legte sich am Heiligen Abend nicht schlafen. Er hatte abgewartet, bis die Wirtsleute und die Gesellen zur Frühmesse gegangen waren; dann holte er aus dem Schrank des Meisters ein Tintenfass und begann, nachdem er ein zerknittertes Blatt Papier vor sich ausgebreitet hatte, zu schreiben. Bevor er den ersten Buchstaben hinsetzte, schaute er einige Male ängstlich auf Türen und Fenster, schielte zur dunklen Ikone hinüber, zu deren beiden Seiten sich Regale mit Schuhmacherleisten hinzogen, und seufzte immer wieder auf. Das Papier lag auf der Bank, er selbst kniete davor.

»Lieber Großvater, Konstantin Makarytsch!«, schrieb er. »Ich schreibe dir einen Brief. Ich sende Ihnen viele Grüße zu Weihnachten und wünsche dir alles Gute von dem Herrgott. Ich habe keinen Vater und keine Mama, nur du allein bist mir noch geblieben.«

Wanka ließ die Augen zum dunklen Fenster schweifen, in dem der Widerschein der Kerze flackerte, und stellte sich lebhaft seinen Großvater Konstantin Makarytsch vor, der bei den Shiwarews Nachtwächterdienste tat.

Das ist ein kleiner, magerer, aber außergewöhnlich flinker und beweglicher Alter von fünfundsechzig Jahren, mit ewig lachendem Gesicht und betrunkenen Augen. Tagsüber schläft er in der Gesindeküche oder schäkert mit den Köchinnen; nachts aber, in einen weiten Pelz gehüllt, geht er im Gutshof herum und lässt seine Klapper ertönen. Ihm folgen mit hängenden Köpfen die alte Kaschtanka und der junge Rüde Wjun*, der diesen Beinamen wegen seiner schwarzen Farbe und seines langen, an ein Wiesel erinnernden Körpers bekommen hat. Dieser Wjun hat bemerkenswert gute Manieren, ist anschmiegsam und schaut mit dem gleichen rührenden Blick auf die Seinen wie auf Fremde, genießt aber bei niemandem Vertrauen. Hinter seinen guten Manieren und seiner Demut verbirgt sich die ausgesuchte Tücke eines Jesuiten. Keiner versteht es besser als er, sich im rechten Augenblick heranzuschleichen und einen am Fuß zu packen, in den Eiskeller einzubrechen oder beim Bauern ein Huhn zu stehlen. Seine Hinterpfoten sind schon mehr als einmal übel zugerichtet worden, zweimal hat man ihn aufgeknüpft, jede Woche hat man ihn halb zu Tode geprügelt, aber er erholte sich immer wieder.

Jetzt steht der Großvater wahrscheinlich am Tor, blinzelt zu den grellroten Fenstern der Dorfkirche hinüber und schäkert, während seine Filzstiefel gegen den Boden

* Bezeichnung für Neunauge, Schmerle, Aalquappe und andere Fischarten (Anm. d. Übers.)

134

stampfen, mit dem Gesinde. Seine Klapper ist am Gürtel befestigt. Er schlägt die Hände gegeneinander, schauert vor Kälte und zwickt unter greisenhaftem Gekicher mal das Stubenmädchen, mal die Köchin.

»Wolln wir nicht ein bisschen Tabak schnupfen?«, sagt er und hält den Frauen seine Tabaksdose hin.

Die Frauen schnupfen und niesen. Der Großvater gerät in einen unbeschreiblichen Freudentaumel, bricht in ein fröhliches Gelächter aus und schreit: »Reißt los, es ist angefroren!«

Auch die Hunde lassen sie Tabak schnupfen. Kaschtanka niest, verzieht die Schnauze und geht beleidigt davon. Wjun niest wegen seiner guten Manieren nicht und wedelt mit dem Schwanz. Und was für ein herrliches Wetter. Die Luft ist still, klar und frisch. Die Nacht ist dunkel, aber man sieht das ganze Dorf mit seinen weißen Dächern und den Rauchfahnen, die aus den Kaminen kommen, die vom Raureif versilberten Bäume, die verschneiten Hügel. Der ganze Himmel ist von lustig blinkenden Sternen übersät und die Milchstraße zeichnet sich so deutlich ab, als hätte man sie vor dem Feiertag gewaschen und mit Schnee abgerieben . . .

Wanka seufzte, tauchte die Feder ein und schrieb weiter:

»Gestern habe ich Haue gekriegt. Der Meister zog mich an den Haaren in den Hof und prügelte mich mit dem Spannriemen durch, weil ich dero Kind in der Wiege geschaukelt habe und aus Versehen eingeschlafen bin. Und am Sonntag hat mir die Frau Meister befohlen einen Hering zu reinigen und ich habe mir zuerst den Schwanz vorgenommen und da hat sie den Hering gepackt und angefangen mir mit seinem Maul im Gesicht herzufahren. Die Gesellen machen sich über mich lustig, schicken mich in die Kneipe nach Wodka und befehlen mir bei den Herrschaften Gurken zu stehlen und der Herr nimmt zum Prügeln, was ihm gerade in die Hände kommt. Und mit dem Essen ist es überhaupt nichts. Morgens gibt es Brot, mittags Grütze und abends wieder Brot, aber eher platzen die Herrschaften, bevor sie Tee oder Kohlsuppe herausrücken. Und schlafen muss ich im Flur, und wenn dero Kind weint, schlafe ich überhaupt nicht, sondern schaukle die Wiege. Lieber Großvater, erbarme dich um Gottes willen, nimm mich von hier fort nach Hause, aufs Dorf, ich weiß nicht mehr weiter . . . Ich bitte dich fußfällig und ich werde immer den lieben Gott für dich bitten, nur bring mich von hier fort, sonst sterbe ich . . .«

Wanka verzog den Mund, wischte sich mit seiner schwarzen Faust über die Augen und schluchzte.

»Ich werde Tabak für dich zerreiben«, schrieb er weiter, »ich werde zu Gott beten, und wenn was ist, kannst du mich windelweich schlagen. Und wenn du meinst, es gibt für mich nichts zu tun, dann bitte ich um Christi willen den Verwalter, dass ich die Stiefel putzen darf, oder ich werde an Fedkas Stelle Hirtenjunge. Großvater, Lieber, ich weiß nicht mehr weiter, es bleibt nur der Tod. Ich wollte schon zu Fuß ins Dorf laufen, aber ich habe keine Stiefel und ich habe Angst vor dem Frost. Und wenn ich groß bin, werde ich dich dafür ernähren und niemandem erlauben dich zu beleidigen, und wenn du stirbst, werde ich für dein Seelenheil beten, ganz genauso wie für mein Mütterlein Pelageja.

Moska ist übrigens eine große Stadt. Alle Häuser gehören Herrschaften und Pferde gibt es viele, aber Schafe gar keine und die Hunde sind nicht böse. Die Kinder gehen hier nicht mit einem Stern und in den Kirchenchor wird niemand zum Singen gelassen und einmal habe ich in einem Ladenfenster Haken gesehen, die direkt mit der Angelschnur verkauft werden, und für jeden Fisch, die sind beachtlich, ein Haken ist sogar dabei, der hält einen Wels von einem Pud aus. Und dann habe ich welche Läden gesehen, wo alle möglichen Gewehre sind nach der Art wie die von den Herrschaften, sodass jedes vielleicht so hundert Rubel kostet . . . Und in den Metzgerläden gibt es Birkhühner und Haselhühner und Hasen, bloß, an welchem Ort sie geschossen werden, darüber sagen die Verkäufer nichts.

Lieber Großvater, wenn bei den Herrschaften der Weihnachtsbaum steht mit den Naschereien, dann nimm für mich eine vergoldete Nuss und verstecke sie in der grünen Truhe. Bitte das Fräulein Olga Ignatjewna, sag, es ist für Wanka.«

Wanka wurde von krampfartigem Seufzen geschüttelt und starrte wieder auf das Fenster. Er erinnerte sich, dass für den herrschaftlichen Tannenbaum immer der Großvater in den Wald ging und seinen Enkel mitnahm. Das war eine lustige Zeit! Der Großvater ächzte und der Frost ächzte, und wenn Wanka sie so sah, musste er auch ächzen. Bevor er die Tanne fällt, pflegt der Großvater eine Pfeife zu rauchen, lange Tabak zu schnupfen und sich über den ganz verfrorenen kleinen Wanka lustig zu machen . . . Die jungen Tannen, eingehüllt vom Reif, stehen unbeweglich da und warten, welche von ihnen wohl sterben muss. Und hast du nicht gesehen, fliegt wie ein Pfeil ein Hase über die Schneehügel . . . Der Großvater kann es sich nicht verkneifen, zu rufen: »Halt ihn, halt ihn . . . halt ihn! Ach, du kurzschwänziger Teufel!«

Die gefällte Tanne schleifte der Großvater zum Herrschaftshaus und dort machte man sich daran, sie zu schmücken . . . Die größte Mühe gab sich Wankas Liebling, das Fräulein Olga Ignatjewna. Als Wankas Mutter Pelegeja noch am Leben war und bei den Herrschaften als Zimmermädchen diente, hat ihn Olga Ignatjewna mit Kandiszucker gefüttert und ihm aus lauter Langeweile lesen, schreiben und bis hundert zählen beigebracht und sogar, wie man eine Quadrille tanzt. Als Pelegeja gestorben war, hatte man die Waise Wanka zum Großvater in die Gesindeküche gegeben und von der Küche nach Moskau zum Schuster Aljachin . . .

»Komm, lieber Großvater«, schrieb Wanka weiter, »ich bitte dich bei Christus, unserem Heiland, nimm mich von hier fort. Hab Mitleid mit mir, der unglücklichen Waise, sonst schlagen sie mich alle und Hunger habe ich wahnsinnig und langweilig ist es, dass man es nicht sagen kann, ich weine die ganze Zeit. Und neulich hat mich der Meister so mit dem Leisten auf den Kopf geschlagen, dass ich hingefallen bin und nur mit Mühe und Not wieder zu Bewusstsein gekommen bin. Mein Leben geht dem Untergang entgegen, es ist schlimmer als bei jedem Hund . . . Und dann grüße ich noch Aljona, den einäugigen Jegor und den Kutscher und meine Harmonika gib niemandem. Ich bleibe dein Enkel Iwan Shukow, lieber Großvater, komm.«

Wanka faltete das voll geschriebene Blatt zweimal zusammen und steckte es in einen Umschlag, den er am Vorabend für eine Kopeke gekauft hatte . . . Und dann dachte er eine Weile nach, tauchte die Feder ein und schrieb die Adresse:

Ins Dorf an den Großvater.

Dann kratzte er sich am Kopf, überlegte und fügte hinzu: »An Konstantin Makarytsch[*]«. Zufrieden damit, dass er beim Schreiben nicht gestört worden war, setzte er seine Mütze auf, und ohne sein Pelzmäntelchen überzuwerfen, lief er so, wie er war, im Hemd, auf die Straße hinaus . . .

---

[*] Das ist lediglich des Großvaters Vor- und Vatersname, nicht aber sein Familienname (Anm. d. Übers.).

Von den Verkäufern im Fleischerladen, bei denen er sich am Abend zuvor erkundigt hatte, war ihm gesagt worden, dass die Briefe in Briefkästen geworfen werden und dass sie aus den Briefkästen in Postkutschen von betrunkenen Kutschern unter Schellengeläut über die ganze Erde ausgetragen werden. Wanka lief zum erstbesten Briefkasten und steckte den kostbaren Brief in den Schlitz . . .

Von süßen Hoffnungen gewiegt war er eine Stunde später fest eingeschlafen . . . Im Traum sah er einen Ofen. Auf dem Ofen sitzt der Großvater, lässt die nackten Beine herabbaumeln und liest den Köchinnen den Brief vor . . . Um den Ofen geht Wjun und wedelt mit dem Schwanz . . .

WILLI FÄHRMANN

Der Weihnachtswolf

runo und Paul stammten beide aus Ostpreußen. Sie erzählten gern aus ihren Kindertagen. Eine ihrer schönsten Geschichten war eine merkwürdige Weihnachtsgeschichte.

»Schnee hat bei uns im Winter immer gelegen«, sagte Paul. »Manchmal über einen Meter hoch.«

»Und strenger Frost«, fügte Bruno hinzu, »und das Wolfsgeheul aus den nahen Wäldern tönte herüber. In der Nacht sind dann alle zur Christmette gegangen. Dicke Schafspelze haben wir angezogen und Fellmützen bis über die Ohren gestreift. Wir konnten ja zu Fuß zur Kirche laufen. Aber die Leute von den Gehöften weiter weg vom Dorf, die sind mit den Schlitten gekommen und das Klingeln der Silberglöckchen an den Pferdegeschirren hat sich mit dem Geläut der Kirchenglocken gemischt.«

»Weißt du eigentlich, Bruno«, fragte Paul, »dass der Kleinknecht von Rogalka mal einen jungen Wolf mit in die Mette gebracht haben soll?«

»Ich habe wohl davon bei den Rogalkas gehört, aber was Genaues weiß ich nicht.«

»Das muss so gewesen sein«, begann Paul. »Es war in dem Jahr, als die Russen im Herbst 1914 nach Ostpreu-

ßen eingedrungen waren. Wir mussten Hals über Kopf
fliehen. Hindenburg hat sie ja dann bald wieder hinaus-
getrieben.«

»Hat Hindenburg das allein gemacht?«, fragte Bruno
spöttisch, aber Paul ging nicht darauf ein.

»In vielen Orten ringsum war alles ausgeplündert und
verwüstet worden. Auch in Liebenberg hatten sie ge-
haust und nicht nur die Russen, auch die Deutschen haben genommen, was ihnen gefiel. Ist wohl das Recht des
Krieges. Aber bis zum Winter hatten wir alles einigermaßen wieder hergerichtet. Merkwürdig war nur, dass
die Wölfe aus Russisch-Polen schon sehr früh zu uns herüberkamen, und ungewöhnlich viele waren es auch. So
manches Tier wurde abgeschossen, aber auf einen erleg-
ten Wolf schienen drei neue zu kommen. In der Heiligen
Nacht war nun eine Menge Neuschnee gefallen. Deshalb
brach der Kleinknecht Georg Zatryb schon gegen zehn
Uhr auf, auch weil auf dem Schlitten der Rogalkas kein
Platz für ihn war. Nun liegt der Hof nur knapp eine Stunde vom Dorf entfernt. Aber Georg wollte einen Umweg
machen und am knabigschen Gut vorbei. Er hatte ein
Auge auf die Magd Gertrud Wawra geworfen und hoffte,
sie würde mit ihm zur Kirche gehen. Aber die kicherte
und sagte: ›Wir haben Pferde und Fahrzeuge genug. Für
uns Leute vom Gut ist reichlich Platz auf dem Schlitten.
Was soll ich laufen, wenn ich fahren kann?‹

Auch die anderen Mägde lachten über den Kleinknecht.

Eine rief ihm nach: ›Keine Sorge, Zatryb, die Liebes-
flamme hält dich warm.‹ Also ging er allein weiter und
verfluchte alle Weiber und die Gertrud Wawra ganz besonders. Obwohl er reichlich Zeit hatte, wollte er den
Weg abkürzen und quer durch den Wald. ›Kannst ja eine Rast einlegen, Georgche‹, sagte er sich. ›Bis zur Mette ist noch Zeit. Musst nur gut aufpassen, dass du nicht
einschläfst. Pirunje, ist schon so mancher bei solcher
Kälte in Schlaf gesunken und nie mehr aufgewacht.‹
Nicht mehr weit vom Dorf entfernt, kroch er unter eine
große Fichte, deren Äste bis auf den Boden herabhin-
gen. Darunter fand er ein schneefreies, trockenes Plätzchen, setzte sich nieder, schlug den Kragen seines
Schafspelzes hoch und lehnte sich mit dem Rücken gegen den Fichtenstamm. Traurig dachte er an die Gertrud
Wawra, die ihm so schnöde einen Korb gegeben hatte.
Immer noch klang ihm ihr hämisches Lachen in den Ohren. Ehe er sich versah, war er eingenickt. Kein Wunder
auch, wenn man seit sieben Uhr auf den Beinen war und
die Traurigkeit einem den Kopf schwer machte. Er wäre
mit Sicherheit erfroren, wenn da nicht . . . Na ja, man
sagt, solch ein Tod kommt auf Samtpfoten. Irgendwann,
vielleicht erst, wenn die Fichte gefällt worden wäre, hätte man sein Gerippe im zerfledderten Schafspelz gefunden. Die Gertrud Wawra, sicher längst mit einem anderen verheiratet, hätte sich möglicherweise ein Tränchen
zerdrückt und die Stunde verwünscht, in der sie ihn hat-

te ziehen lassen. Aber es kam anders. Georg schreckte
plötzlich auf. Zuerst dachte er, er sehe ein Gespenst,
und wurde steif vor Entsetzen. Doch dann erkannte er,
dass dicht vor ihm eine Wölfin stand. Die blies ihm den
stinkigen Atem ins Gesicht und tappte mit ihrer Pfote
auf seine Stiefel. Die gelblichen Augen waren keinen
halben Meter von ihm entfernt. Er sah den rostroten
Fleck in ihrem Nacken. Sie war angeschossen worden
und ihr Fell war an der wunden Stelle verklebt und ver-
krustet. In ihrer Schnauze trug sie einen kleinen Wolf,
kaum ein paar Tage alt. Weiß der Deibel, warum sie das
Tier so früh und mitten im Winter geworfen hatte. Sie
ließ das Junge ganz vorsichtig in Georgs Schoß gleiten,
starrte ihn noch ein paar Sekunden an, winselte leise
und drückte sich davon. Allmählich kam Georg zu sich.
Das Wolfsjunge kuschelte sich in seinen Pelz und war
ganz zutraulich. Georg wusste sofort, dass die Wölfin
ihm das Leben doppelt gerettet hatte. Es wäre für sie ein
Leichtes gewesen, ihm die Kehle aufzureißen. Auch wäre er ohne das Tier erfroren. Stattdessen hatte sie ihm ihr
Junges anvertraut. Was blieb dem Georg anderes übrig,
er barg den kleinen Wolf an seiner Brust und rappelte
sich auf. Von Liebenberg her hörte er die Glocken zur
Mette läuten. Im Schnee sah er wie eine Kette aus roten
Perlen die Blutspur der Wölfin. Er kam gerade noch
rechtzeitig in die Kirche. Aber hinten unter dem Turm,
wo er sonst seinen Platz hatte, war alles gestopft voller

Männer. Sie schoben ihn immer weiter nach vorn und so fand er sich schließlich dicht vor der Krippe wieder. In unserer Kirche geht es in diesem Gottesdienst immer sehr feierlich zu. In einer Prozession zieht der Pfarrer mit dem Kaplan und den vielen Messdienern zunächst zur Krippe. Hoch über seinem Kopf trägt er das Jesuskind, damit alle es sehen können, ganz behutsam, weil es einerseits Gottes Sohn, andererseits aus Gips ist und leicht zerbrechen könnte. Erst wenn der Pfarrer sich niederkniet und es in die Krippe gelegt hat, stimmt der Chor ›*Stille Nacht, heilige Nacht*‹ an.

In diesem Augenblick, als er das Kind gerade betten will, hört er auf einmal ein sonderbares, leises Jaulen. Er vergewissert sich, dass es nicht der Chor ist, der diese merkwürdigen Töne von sich gibt, merkt aber dann, woher das Geräusch kommt. Er denkt, es ist der Zatryb. Hat vielleicht rote Bohnen gegessen und Feuer im Bauch. Er winkt Georg heran und flüstert ihm zu: ›Bist in der Kirche, Georg, benimm dich.‹ Genau in diesem Augenblick streckt der Wolf seinen Kopf unter dem Pelz hervor und leckt dem Zatryb den Bart. Der Georg fürchtet, jetzt werde er mit Schande aus der Kirche hinausgejagt, aber der Pfarrer denkt in dieser friedlichen Nacht nicht an so was. Er legt das Jesuskind in die Krippe, gibt dem Chor einen Wink, das ›*Stille Nacht*‹ noch eine Weile herunterzuschlucken, rupft etwas von dem weichen Moos auf dem Boden des Krippenstalls zusammen und flüstert dem Georg zu: ›Gib her das Tierche.‹ Der tut's und der Pfarrer legt den Wolf zu den Lämmern ganz dicht vor Ochs und Esel. Rundherum brennen die Kerzen und machen's schön warm im Krippenstall. Dem jungen Wolf gefällt es, er rollt sich zusammen und blinzelt in die Flammen. Jetzt singt der Chor das ›Stille Nacht‹. Der Kopf des Wolfes zuckt hoch, aber dann scheint ihm das ›Stille Nacht‹ doch nicht unangenehm, klingt, von unserem Chor gesungen, ja auch ein bisschen wie fernes Wolfsheulen. Wieder rollt er sich zusammen, fester jetzt als zuvor, und scheint in Schlaf zu fallen.

Und was meint ihr? Der Pfarrer legt die Blätter mit der vorbereiteten Weihnachtspredigt beiseite. Er redet frei und spricht von dem großen Frieden, der im Paradies geherrscht haben muss, als der Wolf das Lamm nicht schlug, sondern im Gegenteil mit ihm spielte. Und dann sei dieser große Friede noch einmal aufgeblitzt, in der Arche nämlich, denn wo hätte das denn wohl hingeführt, wenn der Löwe das Kalb gefressen hätte. Ja, und dann in der Nacht, in der der Menschensohn im elenden Stall von Bethlehem auf die Welt gekommen sei, auch damals hätten die Hirten ganz ruhig von ihren Herden weggehen können, denn in dieser Nacht hätte kein Wolf – der Teufel hätte ihn beim Schwanz gepackt und in die Hölle gezogen –, hätte also kein Wolf ein Schaf gerissen. Und das sei alles nur ein Vorgeschmack von dem großen

Frieden gewesen, den einmal alle Christenmenschen im Himmel erleben würden, nicht Krieg und nicht Mord und Totschlag, nicht Russen gegen Deutsche und Deutsche gegen Russen, wie man es zurzeit so bitter erdulden müsse, sondern jener Friede, der große Schalom, wie das Volk Israel sagt, den die Menschen und die ganze Schöpfung herbeisehnen und der gewiss einmal kommen wird. Und dann zeigte er auf den kleinen Wolf im Krippenstall, der da Seite an Seite mit dem Lamm liegt und ganz friedlich ist.

›Und so sollen wir dem Zatryb Georg dankbar sein, dass er uns den Wolf in dieser Nacht in die Kirche getragen hat. Ein schöneres Bild für den Frieden auf Erden, den die Engel uns verheißen haben, hätten wir wohl kaum finden können. Amen.‹

›Amen, amen‹, seufzte vernehmlich die Katharina Waczak. Ihre vier Söhne hatte sie in den Krieg ziehen sehen und sie hat sich wohl nichts sehnlicher gewünscht als den großen Frieden.

Die ganze Gemeinde wiederholte laut und deutlich: ›Amen. Amen.‹

Und nach der Messe hat der Zatryb sein Tierchen wieder unter den Pelz gesteckt. Jetzt war für den Kleinknecht auf einmal Platz im Schlitten der Rogalkas. Er musste die ganze Geschichte, wie er an den Wolf gekommen war, noch in derselben Nacht erzählen. Die Bäuerin hat ihn in die gute Stube gebeten und ihm fette Milch und

ein Babyfläschchen herausgestellt, damit er den Weihnachtswolf aufziehen konnte. Der Bauer aber hat ein
Fässchen frisch gebrautes Bier aus dem Keller geholt
und sie haben auf das Tierche getrunken und wieder und
wieder auf den großen Frieden angestoßen. Seitdem hat
man in Tribuschs Kneipe immer seltener ›Zum Wohle‹
oder ›Prost‹ gehört, aber immer häufiger haben die Männer dort ›Schalom‹ gerufen, wenn sie sich zutranken. Ja,
so ähnlich hat man's bei uns erzählt«, sagte Bruno. »Ob
wirklich alles so gewesen ist, wer weiß das. Aber es ist
wahr. Es war schön bei uns in Liebenberg.«

JOSEPH VON EICHENDORFF

Weihnachten

Markt und Straßen stehn verlassen,
Still erleuchtet jedes Haus,
Sinnend geh ich durch die Gassen,
Alles sieht so festlich aus.

An den Fenstern haben Frauen
Buntes Spielzeug fromm geschmückt,
Tausend Kindlein stehn und schauen,
Sind so wunderstill beglückt.

Und ich wandre aus den Mauern
Bis hinaus ins freie Feld,
Hehres Glänzen, heilges Schauern!
Wie so weit und still die Welt!

Sterne hoch die Kreise schlingen,
Aus des Schnees Einsamkeit
Steigt's wie wunderbares Singen –
Oh du gnadenreiche Zeit!

ERICH JOOSS

Schluss mit Weihnachten!

enn ich an das letzte Weihnachtsfest denke, bin ich traurig und glücklich zugleich. Von diesem Weihnachtsfest möchte ich erzählen. Aber ich weiß nicht, wie ich beginnen soll. Oder würdet ihr gerne über einen Vater reden, der dauernd Wutanfälle bekommt? Die kleinste Kleinigkeit kann ihn ärgern. Irgendjemand hat vergessen das Licht im Gang auszuschalten. Sofort schreit mein Vater. Er schreit auch, wenn der Sportteil der Zeitung fehlt. Er schreit fast immer.

Vielleicht fühlt er sich nicht wohl bei uns, denke ich. Wir können ihm nichts recht machen. Wir sind eine Unglücksfamilie. Am liebsten würde ich mit meinem Vater reden, von Mann zu Mann. Aber ich habe Angst vor ihm. Sobald die blaue Ader auf seiner Stirne erscheint, ist es höchste Zeit, zu verschwinden. Wenn ich jetzt noch etwas sage, rennt er hinter mir her! Natürlich bin ich schneller als er. Trotzdem fängt er mich jedes Mal. Er gibt einfach nicht auf, bis er mich erwischt hat. Dann keucht er wie ein Walross und dann ist er noch wütender.

»Warum bist du so blöd und ärgerst ihn?« Diese Frage hat mir mein Bruder schon oft gestellt. Wir sind Zwillinge, aber Max, der Einserschüler, ist ganz anders als ich. Er putzt sich die Zähne dreimal am Tag und trägt den Mädchen ihre Taschen nach. Wenn es daheim Streit gibt, verdrückt er sich. Ich glaube, wir können uns nicht besonders leiden.

Einmal haben wir uns wie Freunde gefühlt, wie richtige Freunde. Das war am Weihnachtstag des letzten Jahres. Begonnen hatte dieser Tag wie immer. Meine Mutter ging früh am Morgen zum Metzger und um neun Uhr klingelte der Bierfahrer, der noch rechtzeitig vor den Feiertagen für Nachschub sorgte.

Gleich nach dem Frühstück nahm sich mein Vater auf dem Balkon den Christbaum vor. Er hackte eine Weile an dem krumm gewachsenen Sonderangebot herum; dann stopfte er die Tanne in den Ständer. Aber kein Christbaumständer der Welt kann windschiefe Tannen wieder gerade biegen. Also holte mein Vater eine Schnur und band den Baum an einen Nagel, den er für solche Fälle in die Wohnzimmerdecke geschlagen hatte.

Der Nachmittag verlief eintönig. Vater saß in der Küche und drehte am Radio. Dabei schimpfte er über die Weihnachtslieder, die wie Honig aus den Lautsprechern tropften. Unsere Mutter hatte sich mit dem Christbaum eingeschlossen. Sie hängte die bemalten Kugeln in die Zweige. Dann kamen die Zinnfiguren an die Reihe, die Engel und die Heiligen aus Salzteig und aus Kunststoff. Immer wieder drückten wir unsere Gesichter gegen die

Türscheibe. Aber wir sahen nur den Schatten der Mutter und hörten ein Rascheln und Klirren.

Bald wurde es mir langweilig. Ich zog mich mit meinem Lieblingsbuch in eine Ecke zurück. »Old Jed, der Trapper« heißt das Buch. Es ist schon alt und geht allmählich aus dem Leim. Ein Onkel hat es mir geschenkt. Ich liebe die Bilder in diesem Buch. Am meisten gefällt mir die Zeichnung eines Blackfoot-Häuptlings auf Seite 159. Selbst im Dämmerlicht konnte ich noch das traurige Gesicht des Indianers erkennen. Der Häuptling guckt aus dem Bild heraus. Ich weiß nicht, was er sieht. Vielleicht die toten Büffel oder die Prärie, die unter den Weizenfeldern der Weißen verschwunden ist . . .

Fast wäre ich über dem Buch eingeschlafen. Da ertönte das Glöckchen. Es bimmelte ungeduldig und hörte nicht auf zu bimmeln, bis die ganze Familie um den Baum versammelt war. Unter den Zweigen lagen die Geschenke. Für mich gab es einen Schal in den Farben des FC Bayern und ein Fußballspiel, ein Tipp-Kick, während mein Bruder einen Chemie-Experimentierkasten bekam. Vor ein paar Wochen hatten wir die Geschenke im Schlafzimmer der Eltern entdeckt. Jetzt schauten wir neugierig und machten aufgeregte Gesichter, was gar nicht so leicht ist, wenn man schon alles weiß.

Wir sangen gemeinsam »Stille Nacht, Heilige Nacht«, dann sollte ich die Weihnachtsgeschichte nach Lukas vorlesen. »In jenen Tagen erließ Kaiser Augustus den

Befehl«, begann ich und mein Vater sagte: »Komma!«
Beim Komma musste ich die Stimme heben und beim
Punkt wollte er, dass ich sie wieder senke. Zwischen-
durch sagte er auch »Pause« oder »Langsamer lesen«
oder »Setz dich gerade hin«.

Mein Vater wäre gern ein Lehrer geworden. Nicht einmal am Weihnachtsabend kann er das vergessen!

In anderen Familien werden jetzt allmählich die Geschenke ausgepackt, bei uns kommt zuerst das Abend-
essen. Ich erinnere mich genau: Mutter trug eine gebra-
tene Ente herein und dann ging sie ein zweites Mal in die
Küche und holte die Knödel, die noch dampften. Wie im
Schlaraffenland schmeckte es. Ich goss so viel Soße über
die Knödel, dass sie schwammen, und kaute friedlich
vor mich hin.

An diesem Abend wäre alles gut verlaufen, wenn Mutter
nicht die Idee mit dem Nachtisch gehabt hätte. Es gab
nämlich ein Kirschenkompott. Anfangs legte ich die
Kerne noch am Rand des Tellers ab. Dann sah ich in das
Gesicht meines Bruders. Wir spuckten fast gleichzeitig.

Ich weiß bis heute nicht, warum ich mit dem Kern meinen Vater getroffen habe. Jedenfalls erstarrte er zu einer
Säule. Kerzengerade saß er am Tisch und seine Fäuste
ballten sich und die Ader auf seiner Stirne schwoll gefährlich an. Kurz bevor sie platzte, schrie er: »Was fällt
euch ein? Verschwindet sofort! Ich will euch nicht mehr
sehen!« Wir blieben sitzen, bewegungslos wie die Ka-

ninchen vor der Schlange. Da schrie er noch einmal:
»Haut ab! Geht ins Bett! Schluss mit Weihnachten!«

Das war der erste Abend in meinem Leben, an dem ich
mich nicht waschen musste. Wir zogen uns im Dunkeln
aus, hängten die Kleider über die Stühle und schlüpften
unter die Bettdecke. Dann war es still; nur die Stimme
meiner Mutter drang vom Wohnzimmer herüber. Sie
klang müde und traurig. Nach einer Weile hörten wir
noch den Wasserhahn, der in der Küche tropfte. »Schluss
mit Weihnachten!«, hatte mein Vater geschrien.

Ich konnte nicht einschlafen. Immer wieder dachte ich
an den Kirschenkern, der in eine ganz andere Richtung
geflogen war. »Schläfst du schon?«, fragte plötzlich
mein Bruder, der Einserschüler. Er leuchtete mit der
Taschenlampe in mein Gesicht.

»Nein«, flüsterte ich und hielt schützend die Hand vor
die Augen. »Dann komm mit«, forderte er mich auf. Wir
tappten zur Tür, öffneten sie so leise wie möglich. Auf
Zehenspitzen überquerten wir den Flur. Erst im Wohnzimmer trauten wir uns zu schnaufen.

Max beschäftigte sich gleich mit dem Experimentierkas-
ten. Als er den Brenner herausnahm und nach Streich-
hölzern suchte, wurde ich böse. »Willst du uns alle in
die Luft jagen?«, fauchte ich. »Lies zuerst einmal die
Gebrauchsanweisung!« Das begriff sogar mein Bruder.
Er schob den Kasten zur Seite und sah mir zu, wie ich
das Spielfeld vom Tipp-Kick ausrollte.

»Du hast den roten Kicker«, sagte er auf einmal, während er den gelben nahm. Noch nie hatte sich Max für Fußball interessiert. Ich erklärte ihm die Regeln und er schoss den Ball so oft in mein Tor, dass ich mit dem Zählen durcheinander kam. Direkt vor dem Wohnzimmerfenster steht eine Laterne. Sie gab uns genügend Licht. Nur manchmal, wenn der winzige Ball davonsprang, mussten wir zur Taschenlampe greifen. Im Eifer des Spieles merkten wir nicht einmal, dass die Tür aufging.

»Darf ich mitspielen?«, fragte mein Vater und setzte sich neben uns. Vor Schreck brachten wir keine Antwort heraus. »Dann eben nicht«, sagte er. »Aber lasst mich wenigstens den Balljungen machen.«

An diesem Abend kroch mein Vater unter das Sofa. Er kroch unter den Schrank und unter den Tisch. Auf der Suche nach dem Ball knipste er dauernd die Taschenlampe an. Wir sagten ihm nicht, dass es einen Lichtschalter gab. Ganz zuletzt kam meine Mutter herein. Sie stellte sich ans Fenster. Mein Vater ging zu ihr und legte den Arm um ihre Schulter. Draußen wirbelte der Schnee. Die Dächer wurden weiß und im Nachbarhaus brannte jemand eine Wunderkerze ab. Sekundenschnell verglühten die Sterne. »Was ist mit dir?«, fragte mein Bruder und schaute mich an. Fast hätte ich geheult.

WILLI FÄHRMANN

Kaschek, mein Freund

ein Großvater Paschmann erzählte gern Geschichten. Eine werde ich wohl nie vergessen. Er hat sie mir wenigstens zehnmal erzählt, aber sie ist mir nie langweilig geworden.

Ich setzte mich neben ihn und sagte: »Opa, erzähle doch mal von Kaschek, deinem Freund.« Er ließ sich nicht lange bitten und begann:

»Weihnachten 1917 hab ich in französischer Kriegsgefangenschaft verbracht. Das war eine elende Zeit. Wir Gefangenen mussten hart arbeiten und bekamen wenig zwischen die Zähne. Ich war zu einer Gruppe eingeteilt worden, die morgens, wenn es noch dunkel war, zu einem Steinbruch marschieren musste. Auf fünf Gefangene kamen zwei Wärter, ältere Männer meist. Sie machten nicht viel Federlesens mit uns. Angetrieben wurden wir, wenn wir unser Werkzeug mal für ein paar Minuten sinken ließen. Geschimpfe, Geschrei, wohl auch Drohungen und alles in der fremden Sprache. Ein Stoß mit dem Gewehrkolben in den Rücken, das war an der Tagesordnung. Nur wenn im Winter die Temperaturen unter den Gefrierpunkt sanken, erlaubten sie uns ein Feuer zu machen, aber wohl hauptsächlich, um selber rundum zu stehen und sich zu wärmen. Oft haben wir abenteuer-

liche Fluchtpläne geschmiedet, aber das Lager war viel-
fach gesichert und so gut bewacht, als ob wir alle
Schwerverbrecher gewesen wären. Und im Steinbruch
zwei Wächter auf je fünf Mann. Dabei war es so, dass aus
dem Steinbruch sowieso kein Entkommen möglich war.
Es gab nur einen Einschlupf, durch den gerade mal die
Fuhrwerke durchpassten, wenn sie die Steine abholten.
Ringsum sonst nur hohe Steilwände. Ja, war leicht zu be-
wachen, der Steinbruch. Und dann zwei Franzosen auf je
fünf deutsche Gefangene. Die meisten von uns waren
auch wohl viel zu schwach, um wirklich eine Flucht zu
wagen.

Mein Freund, der Unteroffizier Kaschek, hielt unsere
Arbeitsgruppe zusammen, machte uns auch Mut, wenn
wir den Kopf hängen ließen. ›Jeder Krieg ist irgendwann
zu Ende‹, sagte er oft. Aber uns kam es vor wie eine
Ewigkeit, ja, wie eine Ewigkeit kam es uns vor. Kaschek,
mein Freund, war ein Kerl wie ein Bär so stark. Und
ähnlich wie ein Bär sah er auch aus, ein bisschen tapsig
sein Gang und sein Körper war dicht mit schwarzen
Haaren bedeckt. Er hatte sich ein paar Brocken Franzö-
sisch beigebracht. Und manche von den Wachen hatten
es gern, wenn er mit ihnen sprach. Manchmal lachten sie
laut auf. Dann hatte Kaschek wohl einen Fehler gemacht
und sie riefen sich zu: ›Il est con‹, er ist saudumm. Dabei konnten die meisten von denen kein einziges deut-
sches Wort. Vielleicht wollten sie auch die von ihnen

verhasste Sprache des Feindes nicht sprechen, ich weiß
es nicht. Jedenfalls hatte Kaschek, mein Freund, am 24.
Dezember die Wachen gefragt, ob sie uns auch Weihnachten zur Arbeit treiben würden. Sie sagten, eigentlich wollten sie das wohl, und wenn es doch nicht ge-
schehe, dann weil sie selber Weihnachten feiern wollten. ›Was für ein Weihnachten‹, habe ich geflüstert.
›Keine Nachricht von der Familie und zum ersten Mal in
meinem Leben ein Weihnachtsfest ohne Messe.‹ Kaschek hat zu den Wachen gesagt, er wolle nach Arbeits-
schluss, bitte schön, den Herrn Kommandanten sprechen, aber die Wachen haben darüber gelacht und ›no-
nonon‹ gerufen. Als wir dann ins Lager zurückgeführt
wurden, da hat Kaschek, mein Freund, laut auf Franzö-
sisch geschrien: ›Ich möchte, bitte schön, den Herrn
Kommandanten sprechen.‹ Das hat er immer wieder
hinausgeschrien. Er hat auch nicht zu schreien aufgehört, als sie ihm den Gewehrkolben in den Rücken stie-
ßen. Und als er schließlich am Straßenrand im drecki-
gen Schnee lag und einer ihm den schweren Kolben ins
Gesicht drückte, da hat er immer noch geschrien: ›Ich
möchte, bitte schön, den Herrn Kommandanten sprechen.‹ Wir wollten Kaschek wegtragen, aber da haben
einige Franzosen ihre Gewehre von der Schulter genommen. Als wir in die Mündungen schauten, haben wir allen Mut verloren. Waren ja auch auf fünf von uns zwei
von denen. Dann wurde mit einem Male die Tür der Offi-

ziersbaracke aufgestoßen und er ist selbst herausgelaufen gekommen, der Kommandant, und hatte nicht einmal seinen Uniformrock zugeknöpft. In scharfem Ton hat er den Wachen etwas befohlen und die haben von meinem Freund Kaschek abgelassen.

Der Kommandant hat ihn auf Deutsch angesprochen und gefragt: ›Was schreist du hier herum, Gefangener?‹

Kaschek, mein Freund, hat sich aufgerappelt und ist nur schwer aus dem Schnee hochgekommen. Sein Gesicht sah furchtbar aus, die Nase war eingeschlagen und Blut sickerte ihm in den Bart.

›Ich möchte Musjöh Commandant bitten, dass die katholischen Kameraden morgen am Weihnachtstag eine Messe mitfeiern dürfen.‹

»Fragst du auch für dich selbst?‹

›Nein‹, hat mein Freund Kaschek geantwortet, ›ich bin evangelisch. Aber mein Freund, der Grenadier Paschmann, der ist katholisch. Und auch noch ein paar andere von uns sind katholisch. Und weil doch morgen Weihnachten ist, Musjöh Commandant . . .‹

Der Kommandant hat sich eine Weile bedacht und seinen Blick nicht abgewendet von meinem Freund Kaschek und hat dann gesagt: ›Ist gut, Kamerad.‹ Er hat wirklich ›Kamerad‹ zu Kaschek gesagt. ›Die Evangelischen können morgen einen Gottesdienst in der Essensbaracke halten und die Katholischen werden um acht Uhr ins Dorf in die Kirche geführt.‹

›Danke, Musjöh Commandant‹, hat Kaschek gesagt, ist in die Knie gebrochen und kopfüber in den Schnee gestürzt. Sie haben ihn ins Krankenrevier geschafft. Wir waren zu fünfundzwanzig Mann, die von den Wachen am Weihnachtsmorgen ins Dorf gebracht wurden. Auf fünf von uns kamen zwei Wachsoldaten, aber es hat keinen Stoß mit dem Kolben gegeben und kein böses Wort. Die Kirche war gestopft voll. Uns haben sie ganz nach vorn geführt. Gleich hinter den Kindern hatten sie für uns drei Bänke freigehalten. Ich konnte von meinem Platz aus gut die Krippe sehen. Ganz groß und schön war sie aufgebaut worden. Da stand halb hinter der Gottesmutter der heilige Josef und der Stern mit dem Schweif leuchtete hell. Der Josef stand da. Ich konnte ihn ganz deutlich erkennen, da stand er mit seinem schwarzen Bart und seiner Gestalt wie ein Bär und er glich ganz genau dem Kaschek, meinem Freund.«

Opa Paschmann schwieg einen Moment, atmete tief und sagte dann: »Das genau ist es, was ich dir sagen wollte, hinter mir hatte ein riesiger, pechschwarzer Senegalese seinen Platz, neben meiner Bank stand ein Algerier, weiter im Gang ein amerikanischer Soldat und dazu unsere Wachmannschaft und all die Franzosen aus dem Dorf, die Frauen, die Kinder, die alten Männer. Und dann haben wir gesungen: Pater noster, qui es in caelis. Alle, versteht ihr, alle zusammen in ein und derselben Sprache haben wir das Vaterunser gesungen. Wohl viele haben es gespürt, ob Franzmänner, Afrikaner, Deutsche oder der aus Amerika, ob Freund oder Feind, wisst ihr, es gibt etwas, das uns alle zusammenbindet. Pater noster. In diesem Augenblick war für mich Weihnachten.«

Martin Luther

Vom Himmel hoch, da komm ich her

Vom Himmel hoch, da komm ich her,
ich bring euch gute neue Mär;
der guten Mär bring ich so viel,
davon ich singen und sagen will.

Euch ist ein Kindlein heut geborn,
von einer Jungfrau auserkorn,
ein Kindelein so zart und fein,
das soll eu'r Freud und Wonne sein.

Es ist der Herr Christ, unser Gott,
der will euch führn aus aller Not,
er will eu'r Heiland selber sein,
von allen Sünden machen rein.

Er bringt euch alle Seligkeit,
die Gott der Vater hat bereit',
dass ihr mit uns im Himmelreich
sollt ewig leben allzugleich.

Lob, Ehr sei Gott im höchsten Thron,
der uns bringt seinen eignen Sohn.
Des freuen sich der Engel Schar
und singen uns solch neues Jahr.

EVELINE HASLER

Die Weihnachtsschlacht

ur noch sechs Tage«, stellt Nelly fest. Sie spitzt die Lippen und versucht »Oh du fröhliche« zu pfeifen.

»Noch sechs Tage«, wiederholt die Mutter nachdenklich. Sie sagt es nicht fröhlich, nach einer Pause schickt sie den Seufzer nach: »Wenn nur alles schon vorüber wäre!« Nellys Pfeifton bleibt jäh in der Luft hängen. Entgeistert schaut sie ihre Mutter an.

»Freust du dich denn nicht?«

»Schon. Aber der ganze Rummel hängt mir zum Hals heraus.«

Am Nachmittag hat Nelly frei, sie fährt mit einer Freundin Schlittschuh und gegen Abend geht sie in den großen Selbstbedienungsladen, wo die Mutter arbeitet. Da geht es zu wie in einem Bienenhaus. Die Mutter sitzt auf einem Drehstuhl vor einer der sechs Kassen. Die Waren kommen auf einem Förderband auf sie zu, und während ihre rechte Hand auf den Zahlentasten liegt und tippt, dreht die linke die Waren so, dass sie die Preise ablesen kann, und legt dann ein Ding nach dem andern in einen Gitterwagen. Wenn alles getippt ist, drückt die rechte Hand die Additionstaste und reißt den Kassenstreifen ab, die linke Hand stößt den gefüllten Wagen weg, zieht den leeren zur Kasse.

»Toll, wie du das machst«, hat Nelly schon manchmal zu ihrer Mutter gesagt. »Also, bei mir ginge das ganz langsam. So tipp – tipp – tipp – tipp und erst noch die Hälfte falsch.«
»Ach wo!«, hat die Mutter lachend ausgerufen. »Das ist Übungssache. Am Anfang war ich auch nicht so flink. Ich fand die Preisschilder nicht und vertippte mich ab und zu. Dann murrten die Leute, weil sie warten mussten. Aber jetzt geht es beinahe im Schlaf.«
»Wie ein Roboter!« Nelly lachte.
Ein Roboter als Mutter? Der hätte nie Kopfweh, würde abends nicht müde. Aber ein Roboter hat kein Herz. Da war ihr die Mutter, so wie sie war, doch lieber, auch wenn sie manchmal abends kaum mehr sprechen konnte vor Müdigkeit!
Noch vier Tage.
Noch drei.
Die Warteschlangen vor den Kassen wurden immer länger. Die Leute deckten sich mit Esswaren ein, als dauere Weihnachten ein halbes Jahr. Die automatischen Glastüren gingen mit einem Zischton auf und zu, auf und zu; die Mutter auf ihrem Drehstuhl spürte den Luftzug im Rücken. Auch die Kartonschilder, die an Fäden von der Decke hingen, schwangen im Luftstrom hin und her.
Über Mutters Kopf pendelte eine Weihnachtsglocke.

AKTION stand rot darauf: 250 g PRALINEN ZUM SON-
DERPREIS!

In der Nähe schwebte ein Weihnachtsengel aus Karton,
er trug ein Band in den Händen wie der Engel in der Kirche, aber darauf stand nicht »FRIEDE DEN MEN-
SCHEN AUF ERDEN«, sondern »ROLLSCHINKEN
ZUM FEST 15,80 DAS KILO«.

Aus den Lautsprechern träufelte Weihnachtsmusik. Das
Förderband mit den Waren rollte.

    Oh du fröhliche . . .

    Kalbskopf

    Oh du selige . . .

    Kaffee Milde Sorte

    Klopapier dreilagig

    Gnadenbringende . . .

    Taschentücher mit Monogramm

    Tafelsenf

    Weihnachtszeit . . .

Die Mutter stöhnte, wischte sich mit dem Handrücken
schnell die Schweißtropfen über der Oberlippe ab.

Die Wartenden vor der Kasse traten unruhig von einem
Bein auf das andere, schauten die Frau an der Kasse
nicht an, starrten ins Weite, weil sie schon an den Heim-
weg dachten mit den schweren Taschen, an die verstopf-
te Straßenbahn.

Uff.

Noch drei Tage, dann ist es überstanden.

»Ich mache so ein Festessen wie letztes Jahr«, sagte die Mutter am Abend zu Nelly. »Sülze auf Salatblättern, Schweinsbraten, Pommes frites, Bohnen und zum Dessert Schokoladencreme aus der Dose mit Birnen.«

Am 24. Dezember war das Geschäft nur bis 16 Uhr offen. Anschließend konnten die Angestellten von den übrig gebliebenen Waren kaufen, auf alles gab es einen Rabatt von 15 %. Das lohnt sich, fand Nellys Mutter. Aus diesem Grund hatte sie alle großen Einkäufe bis jetzt aufgespart: eine Schultasche für Nelly, eine Puppe, Farbstifte, eine Windjacke für den Vater, die Esswaren für das Weihnachtsfest.

Im Personalraum gab es für die Angestellten noch einen Imbiss.

»Die große Weihnachtsschlacht ist wieder einmal geschlagen«, sagte der Personalleiter und sprach lobende Worte aus, dann wurden Schinkenbrote gereicht, ein Glas Wein.

Nach dem Imbiss ließ Nellys Mutter ihre dicken Plastiktüten im Personalraum stehen.

Sie merkte es erst, als sie draußen an der Bushaltestelle stand. Meine Geschenke! Alle die guten Sachen fürs Nachtessen!, dachte sie erschrocken.

Aber das Geschäft war schon abgeschlossen.

Vor dem 27. kriegte man da nichts mehr heraus.

Mit leeren Händen kam sie zu Hause an.

Trotzdem feierten sie an diesem Abend Weihnachten. Vater zündete die Christbaumkerzen an und Nelly sagte ein Gedicht auf. Sie wusste nur die ersten zwei Strophen, dann blieb sie stecken. Aber die Mutter fand es trotzdem sehr schön und der Vater hatte gar nicht gemerkt, dass es weitergehen sollte.

Das Essen war kürzer als vorgesehen. Zum Glück hatte die Mutter den Braten schon vorher gekauft und die Kartoffeln ohnehin im Haus, aber es gab keine Vorspeise und keinen Nachtisch. Das heißt, sie knabberten einfach Nüsse und aßen Äpfel.

»Dafür habe ich keinen so schweren Magen wie letztes Jahr«, meinte der Vater. »So schwere Essen bekommen mir nicht mehr.«

Auch zum Auspacken war nicht viel da.

So blieb Zeit.

Viel Zeit.

Nelly holte das Memory-Spiel, das sie zur letzten Weihnacht bekommen hatte; alle Sonntage des verflossenen Jahres hatte sie vergeblich gewartet, dass jemand Zeit fände, mit ihr zu spielen.

Jetzt hatten die Eltern Zeit.

Vater hatte noch nie Memory gespielt.

Nach einer Weile hatte Nelly schon sieben Kartenpaare gefunden, Mutter drei und Vater, der sonst immer alles besser wissen wollte, suchte dauernd am falschen Ort. Er versuchte sich mit Tricks zu helfen, indem er heimlich Brotbrösel auf die Karten legte, die er sich gemerkt hatte. Oder er hielt die Hände so auf dem Tisch, dass der Daumen die Richtung markierte, in der eine gewisse Karte lag. Nelly kam ihm auf die Schliche. Sie spielten ein zweites und drittes Mal und Vater ärgerte sich nicht, dass er immer verlor.

Dann spielten sie noch Mühle und den Tschau-Sepp-Jass.

Um Mitternacht löschte der Vater das Licht aus und sie schauten alle drei aus dem Fenster, vom Schnee ging nämlich ein heller Schein aus und man hörte die Weihnachtsglocken läuten.

»In dieser Stunde vor fast 2 000 Jahren ist unser Heiland geboren«, sagte die Mutter und Nelly spürte, dass sie nun doch froh war, dass es Weihnacht geworden war.

Als Nelly ins Bett musste, sagte sie: »Das war aber eine schöne Weihnacht.«

»Wirklich?«, fragte die Mutter erstaunt. »Wir hatten ja kein Festessen und fast keine Geschenke.«

»Aber viel Zeit«, sagte Nelly.

WOLFGANG ESCHKER

Peter und Vladimir

Inzwischen war es schon sechs Uhr abends geworden. Die Straßen lagen menschenleer und grau, fast möchte man sagen: ein wenig erschöpft, ein wenig müde. Denn die letzten Tage waren doch reichlich anstrengend gewesen. Was hatte nicht gestern noch für ein Jubel und Trubel in den Geschäften und Straßen der Stadt geherrscht! Immer mehr Menschen waren in die hell erleuchtete Stadt gekommen, um noch schnell die letzten Besorgungen vor dem Fest zu machen. Der eine brauchte dies, der andere das, man kaufte und packte, probierte und tauschte, wollte dieses und jenes und hin und her. Das war ein Lärmen und Gedränge, wie man es eben nur in der Weihnachtszeit kennt.

Heute aber, am Heiligen Abend, war das ganz anders gewesen: Die Menschen waren schon gegen Mittag nach Hause gegangen, und je mehr Lichter am späten Nachmittag hinter den Gardinen erstrahlten, desto leerer und stiller wurde die Stadt.

Und inzwischen war es also sechs Uhr geworden, Heiliger Abend, genau sechs Uhr. Der kleine Peter hatte – wie jedes Jahr – einen Brief mit seinem Wunschzettel an das Christkind geschickt und wartete nun ungeduldig auf das Zeichen seiner Eltern, dass er ins Wohnzimmer dürfe, wo unter dem hell strahlenden und glitzernden Tannenbaum all seine Geschenke lagen. In diesem Jahr hatte er nur fünf Wünsche gehabt und in Gedanken zählte er sie alle noch einmal der Reihe nach auf, so wie er sie in seinem Brief dem Christkind aufgeschrieben hatte: eine Lokomotive mit sechs Wagen, ein Paar Schlittschuhe, einen Stabilbaukasten und nicht zuletzt den Fußball und die Fußballschuhe.

Er konnte den ganzen Brief schon auswendig, so oft hatte er ihn vor sich hergesagt. Und gerade wollte er wieder von vorne beginnen, da kam das Zeichen seiner Eltern. Die Tür zum Wohnzimmer ging auf und vor ihm stand der Tannenbaum mit seinen Kugeln und Sternen, Lametta und den vielen Kerzen, die alle angezündet waren.

Sofort hatte Peter die Lokomotive entdeckt. Acht Wagen hatte sie sogar! Da lagen auch die Schlittschuhe und funkelten im Kerzenschein. Und dahinter stand der Stabilbaukasten und auch die Fußballschuhe waren da. Peter probierte sie sofort an. Ja, die Größe stimmte. Das Christkind hatte sich nicht geirrt. Die Schuhe passten wie angegossen.

Doch wo war der Fußball? Der Fußball fehlte. Nirgends im Zimmer ein Fußball zu sehen. Und je länger der kleine Peter seinen Fußball suchte, desto enttäuschter wurde er.

Bis er schließlich – ganz leise – seinen Vater fragte: »Ob das Christkind wohl den Fußball vergessen hat?«

Sein Vater aber schüttelte den Kopf und antwortete ihm ganz ernst: »Nein, Peter. Das Christkind hat den Fußball nicht vergessen. Es hat ihn sogar schon vor einigen Tagen hier abgegeben. Aber stell dir vor, was da passiert ist! – Du kennst doch unsere Nachbarn, die Milanovitschs, die gerade aus Jugoslawien gekommen sind und jetzt bei uns in Deutschland arbeiten?«

»Natürlich kenne ich die. Vladimir ist doch mein Freund. Wir gehen doch jeden Tag zusammen spielen.«

»Ja«, sagte der Vater, »und gestern habe ich Vladimirs Vater in der Stadt getroffen. Und da sagte er mir, dass der Vladimir auch einen Brief an das Christkind geschrieben hat. Nur einen Fußball wollte er haben. Sonst nichts. Aber weißt du, was passiert ist?«

»Nein. Was denn?«

»Der Brief kam wieder zurück!«

»Der Brief kam zurück? Warum denn das?«

»Vielleicht konnte das Christkind den Brief nicht lesen. Wir verstehen den Vladimir ja auch nicht immer. Und weil nun dein Freund gar kein Weihnachtsgeschenk gehabt hätte, habe ich Herrn Milanovitsch deinen Fußball gegeben. Bist du sehr traurig?«

»Ach nein«, sagte Peter nach einer Weile. »Weißt du, mit einem Fußball können wir ja alle zusammen spie-

171

len.« Und rasch fügte er hinzu: »Darf ich jetzt gleich mal rüber zu Vladimir?«

»Klar«, sagte der Vater, »und ich komme mit!«

O. HENRY

Die Gabe der Weisen

in Dollar und 87 Cent. Das war alles. Und 60 Cent davon waren lauter einzelne Ein- und Zwei-Penny-Stücke! Penny-Stücke, die sie durch Feilschen beim Kaufmann oder Metzger oder Gemüsehändler erspart hatte. Dreimal zählte Della nach. Ein Dollar und 87 Cent! Und morgen war Weihnachten!

Da blieb einem nichts weiter übrig als sich auf die schäbige, kleine Couch zu werfen und zu weinen. Was Della auch tat. Und das legt die Folgerung nahe, dass sich das Leben aus Schluchzen, Seufzen und Lächeln zusammensetzt, wobei die Seufzer überwiegen.

Während Della allmählich vom ersten zum zweiten Stadium übergeht, sehen wir uns in ihrem Heim um. Eine möblierte Wohnung, acht Dollar die Woche. Nicht gerade eine Bettler-Behausung, aber auch nicht sehr weit davon entfernt.

Unten im Hausflur hing ein Briefkasten, in den kein Brief hineinwollte, und daneben war ein Klingelknopf, dem kein menschlicher Zeigefinger einen Laut abschmeicheln konnte. Dazu gehörte eine Karte, die den Namen Mr James Dillingham Young aufwies.

Das »Dillingham« hatte sich während einer Epoche vorübergehenden Wohlstandes eingestellt, als sein Besitzer 30 Dollar die Woche verdiente. Nachdem das Einkommen auf 20 Dollar zusammengeschrumpft war, nahmen sich sämtliche Buchstaben etwas kümmerlich aus, als ob sie ernstlich daran dächten, zu einem bescheidenen, anspruchslosen »D« zusammenzuschrumpfen. Kam aber Mr. James Dillingham Young in seine kleine Wohnung zurück, so wurde er »Jim« genannt und von Mrs. James Dillingham Young, die uns bereits als »Della« bekannt ist, zärtlich umarmt. Und das war schließlich die Hauptsache.

Della hörte also zu weinen auf und veredelte ihr Äußeres mit der Puderquaste. Dann stellte sie sich ans Fenster und starrte trübselig auf die graue Katze, die über den grauen Zaun des grauen Hinterhofs spazierte. Morgen war Weihnachten und sie hatte bloß 1,87 $, um Jim ein Geschenk zu kaufen. Seit Monaten hatte sie jeden Penny umgedreht, und das war nun das Ergebnis! Mit 20 Dollar Gehalt wöchentlich kann man eben keine großen Sprünge machen. Die Ausgaben waren höher gewesen, als sie geglaubt hatte. Das ist ja immer so. Nur 1,87 $, um Jim ein Weihnachtsgeschenk zu kaufen! Viele Stunden hatte sie damit verbracht, sich etwas Hübsches für ihn auszudenken. Etwas Schönes, Kostbares, Herrliches, etwas, das halbwegs der Ehre würdig war, Jim gehören zu dürfen. Zwischen den beiden Wohnzimmerfenstern hing ein Spiegel. Jeder kann sich so einen Spiegel in einer Acht-

Dollar-Wohnung vorstellen. Ein sehr schlankes und behändes Persönchen kann aus einer Aufeinanderfolge vieler Längsansichten einen ziemlich genauen Eindruck ihres Äußeren erhalten. Della, die schlank war, hatte es darin zur Meisterschaft gebracht.

Plötzlich wirbelte sie herum und lief vom Fenster zum Spiegel. Ihre Augen strahlten, aber ihr Gesicht hatte alle Farbe verloren. Flink löste sie ihr Haar und ließ es in seiner ganzen Länge niederfallen.

Nun besaßen die James Dillingham Youngs zweierlei, auf das sie mächtig stolz waren. Das eine war Jims goldene Uhr, die vor ihm seinem Vater und seinem Großvater gehört hatte. Das andere war Dellas Haar. Hätte in der Wohnung jenseits des Lichtschachtes die Königin von Saba gewohnt, so hätte Della gewiss ihr Haar zum Trocknen aus dem Fenster hängen lassen, und zwar nur, um die Juwelen und Kostbarkeiten Ihrer Majestät in den Schatten zu stellen. Und wäre König Salomo Hauswart gewesen und hätte er seine sämtlichen Schätze im Erdgeschoss aufgestapelt, so würde Jim jedes Mal im Vorbeigehen seine Uhr gezückt haben, nur um zu sehen, wie König Salomo sich neiderfüllt am Bart zupfte.

Dellas schönes Haar fiel also wellig und glänzend wie ein schimmernder brauner Wasserfall nieder. Es ging ihr bis unters Knie und war fast wie ein Gewand. Dann steckte sie es hastig und nervös wieder auf. Einen Augenblick hielt sie inne und stand bewegungslos da, während ein, zwei Tränchen auf den abgetretenen roten Teppich tropften.

Dann schnell die alte braune Jacke an, schnell den alten braunen Hut auf! Mit wehenden Röcken und immer noch blitzenden Augen flog sie aus der Tür, die Treppe hinunter und hinaus auf die Straße. Sie machte erst Halt vor einem Haus mit dem Schild »*Mme Sofronie. An- und Verkauf von Haar aller Art.*« Della sprang die Stufen zum ersten Stock hinauf, rang nach Luft und fasste sich. Madame erschien: pompös, kühl, weiß gepudert.

»Wollen Sie mein Haar kaufen?«, fragte Della.

»Ich kauf Haar«, sagte Madame. »Nehmen Sie mal'n Hut ab und zeigen Sie, was Sie ha'm!«

Der braune Wasserfall wallte nieder.

Madame wog die Flut mit geübter Hand. »Zwanzig Dollar«, sagte sie.

»Geben Sie's her, schnell!«, sagte Della.

Oh, die beiden folgenden Stunden tänzelten auf Rosenfittichen vorüber. (Verzeihung für das zusammengewürfelte Bild!) Della durchstöberte die Läden nach einem Geschenk für Jim.

Endlich fand sie es. Bestimmt konnte so etwas nur für Jim und keinen andern sein! Nirgends hatte sie etwas Ähnliches entdeckt und dabei hatte sie doch in allen Geschäften das Unterste zuoberst gekehrt. Es war eine kurze Platin-Uhrkette von einfacher, unauffälliger Form, deren Wert sich durch das Material verriet und nicht durch bil-

lige Verzierungen. Die Kette konnte es mit »der« Uhr aufnehmen. Sobald Della sie erblickte, wusste sie auch
schon, dass Jim sie haben müsse. Sie war wie er: wertvoll
und unaufdringlich. Man nahm ihr 21 Dollar dafür ab und
mit den letzten 87 Cent eilte sie heim. Mit solcher Kette
konnte Jim in der besten Gesellschaft nach der Uhr sehen. Denn so herrlich die Uhr war, er hatte sie wegen des
alten Lederriemens, den er an Stelle einer Kette benutzte,
manchmal nur verstohlen hervorgeholt.

Als Della wieder zu Hause war, wich der Begeisterungs-
taumel einer vernünftigen Überlegung. Sie holte ihre
Brennschere hervor und bemühte sich die Verheerun-
gen wieder gutzumachen, die Großherzigkeit im Verein
mit Liebe angerichtet hatte. Und das ist immer eine Rie-
senarbeit, liebe Freunde, eine Sisyphusarbeit!

Nach einer halben Stunde war ihr Kopf mit kurzen, krau-
sen Locken bedeckt, die sie in einen richtigen Lausbu-
ben verwandelten. Sie musterte ihr Spiegelbild lange
und genau und kritisch.

Wenn Jim mich nicht umbringt, noch ehe er mir einen
zweiten Blick gegönnt hat, dann wird er sagen, ich sehe
aus wie ein Revue-Mädchen, dachte sie. Aber was hätt
ich denn sonst tun können? Ach, was hätt ich denn tun
können mit 1,87 Dollar?

Um sieben Uhr war der Kaffee fertig und die Bratpfanne
stand hinten auf dem Herd, bereit die Kotelettes aufzu-
nehmen.

Jim war immer pünktlich. Della nahm die Kette in die Hand und setzte sich auf die Tischkante – neben der Tür, durch die er immer hereinkam. Als sie seine Schritte auf der Treppe des ersten Stockwerks hörte, wurde sie einen Augenblick kreideweiß. Sie hatte es sich angewöhnt, für die einfachsten Alltagswünsche einen kurzen, stillen Stoßseufzer zu beten, und jetzt flüsterte sie:

»Lieber Gott, mach, dass er mich noch immer hübsch findet!«

Die Tür ging auf und Jim trat ein und zog sie hinter sich zu. Er sah mager und sehr ernst aus. Der arme Junge, er war ja erst zweiundzwanzig – und hatte schon für eine Familie zu sorgen! Er brauchte eigentlich einen neuen Wintermantel und Handschuhe hatte er auch nicht.

Er blieb auf der Schwelle stehen – unbeweglich wie ein Hühnerhund auf der Fährte. Seine Blicke hafteten starr an Della: ein Ausdruck stand in ihnen, den sie nicht deuten konnte und der sie erschreckte. Es war weder Ärger noch Überraschung, weder Missbilligung noch Entsetzen, überhaupt keins von all den Gefühlen, auf die sie sich gefasst gemacht hatte. Er starrte sie einfach immerfort mit diesem merkwürdigen Ausdruck im Gesicht an.

Della glitt vom Tisch und trat auf ihn zu.

»Jim, Liebster«, rief sie, »schau mich nicht so an! Ich hab mir das Haar abschneiden lassen und hab's verkauft, weil ich Weihnachten ohne ein Geschenk für dich nicht ertragen hätte. Es wächst ja wieder. Du bist mir

178

nicht böse, nicht wahr? Ich musste es unbedingt tun. Und mein Haar wächst furchtbar schnell. Komm, Jim, sag ›Fröhliche Weihnachten!‹ und lass uns vergnügt sein! Du ahnst ja gar nicht, was ich für ein schönes, was für ein wunderbar schönes Geschenk ich für dich habe!«

»Dein Haar hast du abgeschnitten?«, fragte Jim so mühsam, als ob er diese offenkundige Tatsache selbst nach schärfstem Nachdenken noch nicht erfasst habe.

»Abgeschnitten und verkauft«, sagte Della. »Du hast mich doch deshalb genauso lieb, nicht? Ich bin doch auch ohne mein Haar ich selber, nicht wahr?« Jim blickte sich seltsam im Zimmer um.

»Du meinst, dein Haar ist ganz fort?«, fragte er mit fast idiotischer Miene.

»Brauchst es nicht zu suchen«, erwiderte Della. »Es ist verkauft, sag ich dir. Es ist verkauft und weg. Heut ist doch Heiliger Abend, du! Sei lieb zu mir! Deinetwegen hab ich's getan. Vielleicht waren die Haare auf meinem Kopf gezählt«, fuhr sie plötzlich mit reizendem Ernst fort, »aber meine Liebe zu dir kann keiner zählen! – Soll ich jetzt Kotelettes in die Pfanne legen, Jim?«

Da schien Jim aus dem Bann zu erwachen. Er umarmte Della.

Zehn Sekunden lang wollen wir jetzt taktvoll und konzentriert irgendeinen Gegenstand in der andern Zimmerecke betrachten. Acht Dollar die Woche oder eine Million im Jahr – besteht da ein Unterschied? Ein Mathematiker oder ein Witzbold würde uns eine verkehrte Antwort geben. Die Weisen aus dem Morgenlande brachten wertvolle Gaben – doch selbst sie hatten nichts dergleichen vorzuweisen. (Welch dunkle Behauptung später noch näher beleuchtet werden soll.)

Jim zog ein Päckchen aus den Manteltasche und warf es auf das Bett.

»Sei nur unbesorgt, Della!«, sagte er. »Ich kann mir nicht vorstellen, dass ich mein Frauchen wegen eines Haarschnittes oder einer Dauerwelle oder sonst etwas auch nur eine Spur weniger lieben könnte. Aber wenn du das Päckchen aufmachst, wirst du schon sehen, weshalb ich zuerst so sprachlos war.«

Weiße, flinke Finger zerrten an Papier und Bindfaden. Und dann ein begeisterter Freudenschrei – und dann – ach je! – welch typisch weibliche Wendung! – Tränen und Wehklagen. Der Herr des Hauses musste sofort alle ihm zur Verfügung stehenden Trostmittel aufbieten.

Denn da lagen sie, die Kämme! Eine Garnitur von drei Kämmen, zwei für die Seite und einer für den Nacken – die Della seit langem in einem Broadway-Schaufenster bewundert hatte. Wundervolle Kämme aus echtem Schildpatt mit edelsteinverzierten Rändern – genau der Farbton für ihr wunderschönes, jetzt verschwundenes Haar. Es waren teure Kämme, das wusste sie. Ihr Herz hatte sich danach gesehnt und verzehrt – ohne die kleinste Hoffnung, sie je bekommen zu können. Und jetzt gehörten sie ihr – aber die Flechten, die mit den heiß begehrten Schmuckstücken hätten geziert werden sollen, waren fort!

Trotzdem drückte sie sie ans Herz und endlich konnte sie auch unter Tränen lächelnd zu ihm aufsehen und sagen: »Mein Haar wächst ja so schnell, Jim!«

Und dann sprang Della wie ein Kätzchen hoch, das sich verbrannt hat, und rief: »Oh! Oh!«

Jim hatte sein wunderbares Geschenk noch nicht gesehen. Sie hielt's ihm eifrig auf der offenen Handfläche entgegen. Das edle, matt schimmernde Metall schien ihr feuriges, glühendes Herz widerzuspiegeln.

»Ist sie nicht toll, Jim? Ich hab die ganze Stadt danach abgesucht. Jetzt musst du hundertmal täglich deine Uhr ziehen! Gib sie mir her! Ich will sehen, wie es sich macht!«

Anstatt zu tun, was sie verlangte, warf Jim sich auf die Couch und legte lächelnd die Hände unter den Kopf.

»Della«, sagte er, »wir wollen unsere Geschenke noch eine Zeit lang beiseite legen und verwahren. Sie sind zu schön, als dass wir sie jetzt schon benutzen können. Ich habe die Uhr verkauft, um mir das Geld für deine Kämme zu verschaffen. – Und wie wär's, wenn du jetzt die Kotelettes aufsetzt?«

Die Weisen aus dem Morgenlande, das wisst ihr ja, waren weise, sehr weise Männer, die dem Kinde in der Krippe ihre Gaben darbrachten. Von ihnen stammt der

Brauch, Weihnachten etwas zu schenken. Da sie weise waren, mussten wohl auch ihre Geschenke sehr klug gewählt sein – vielleicht mit dem Vorbehalt, sie umzutauschen, sollte zweimal das Gleiche geschenkt werden.

Ich dagegen erzählte euch die unbedeutende Geschichte zweier törichter Kinder in einer armseligen Wohnung, wie sie einander höchst unklug ihren größten Schatz opferten.

Doch den Weisen von heute lasst mich ein letztes Wort sagen; lass mich's sagen, dass von allen Gebenden diese beiden die weisesten waren. Von allen, die Geschenke geben und empfangen, sind Menschen wie sie am weisesten. Überall. Es sind die wahrhaft Weisen.

JOSEPH WEINHEBER

Anbetung des Kindes

Als ein behutsam Licht
stiegst du von Vaters Thron.
Wachse, erlisch uns nicht,
Gotteskind, Menschensohn!

Sanfter, wir brauchen dich.
Dringender war es nie.
Bitten dich inniglich,
dich und die Magd Marie –

König wir, Bürgersmann,
Bauer mit Frau und Knecht:
Schau unser Elend an!
Mach uns gerecht!

Gib uns von deiner Güt
nicht bloß Gered und Schein!
Öffne das Frostgemüt!
Zeig ihm des andern Pein!

Mach, dass nicht allerwärts
Mensch wider Mensch sich stellt.
Führ das verratne Herz
hin nach der schönern Welt!

Frieden, ja, ihn gewähr
denen, die willens sind.
Dein ist die Macht, die Ehr,
Menschensohn, Gotteskind.

Roter König – Weißer Stern

m Rand eines Berglandes im weiten Amerika lebte Silbermond. Eines Nachts sah er am Himmel einen weißen Stern. Der zog einen Schweif aus Goldstaub hinter sich her. Silbermond kannte den Sternhimmel gut, doch so etwas hatte er nie zuvor gesehen. Er rief sein Volk zusammen und sagte: »Ein neuer Stern ist aufgegangen. Ich bin sicher, es ist der Stern eines großen Königs. Ich will mich aufmachen und dem neuen König huldigen.« Er nahm viele Geschenke mit. Drei Lamas bekamen Krüge mit Wasser und Öl und Honig auf den Rücken geladen. Auch Maisbrot und Trockenfleisch trugen sie und ein Armband aus kostbarer Jade, einen Beutel mit Goldkörnern und einen bunt gewebten, warmen Umhang.

Silbermond sagte: »Lebt wohl.« Sein Bruder Schneller Hirsch gab ihm noch einen Rat mit auf den Weg: »Schau nicht links, schau nicht rechts, scher dich um nichts, sonst kommst du nie ans Ziel.« Die Mutter aber nahm einen Schmuck mit einer schimmernden Perle von ihrem Hals, legte Silbermond diesen um und sagte: »Das ist mein eigener Brautschmuck. Er soll dich erinnern, dass du jedem hilfst, der eine Hilfe nötig hat.«

Nach Tagen traf Silbermond auf zwei Mädchen und eine

185

Frau. Die litten Hunger, denn der Vater war viele Tage zuvor auf die Jagd gegangen und nicht zurückgekehrt. Da schenkte Silbermond, was er zu essen bei sich hatte, und dachte: Der, der die Sterne lenkt, wird mich nicht umkommen lassen. Und er zog weiter. Als er ins Gebirge kam, war dort schon der Winter eingekehrt. Silbermond fand einen alten Mann. Der hatte sich vor einem Schneesturm unter eine Tanne geflüchtet und war halb erfroren. Silbermond gab ihm den warmen, bunt gewebten Umhang. Den ganzen langen Winter blieb er bei dem Alten; denn der Schnee lag so hoch, dass Silbermond nicht übers Gebirge gehen konnte. Im Frühling brach er auf. Hinter dem Gebirge lag ein herrliches Wiesenland. Jetzt werde ich schneller vorwärts kommen, dachte Silbermond.

Aber im Grase lag ein Hirtenjunge. Der hatte gegen die Wölfe gekämpft. Doch die Wölfe waren stärker gewesen als er. Sie hatten ihn verwundet und seine Lamas in alle Winde gejagt. Da pflegte Silbermond ihn gesund. Als der Herbst kam, machte er sich wieder auf und zog dem schönen Stern nach. Dem Hirtenjungen schenkte er seine Lamas, denn ein Hirte ohne Herde, das ist ein armer Mensch. Schließlich gelangte Silbermond an die Meeresküste. Ihm fiel ein Schilfboot in die Augen. Darin lagen jedoch ein toter Mann und eine tote Frau. Drei Kinder saßen da und weinten. »Seeräuber haben unsere Eltern umgebracht«, berichtete der Junge. »Das Fischernetz und das Segel haben sie uns geraubt.«

Einen Augenblick dachte Silbermond an den Rat seines Bruders: »Schau nicht links, schau nicht rechts, scher dich nicht drum.« Aber dann taten ihm die Kinder Leid. Er begrub mit ihnen die Toten und tauschte bei anderen Fischern das kostbare Armband aus Jade gegen ein Netz und zwei Segel.

Zum Dank halfen ihm die Kinder ein großes Schilfboot zu bauen. Doch das dauerte seine Zeit und Silbermond konnte erst nach sieben Monaten aufs Meer hinausfahren, dorthin, wohin der weiße Stern ihn führte. Lange, lange sah er nichts als Wasser. Endlich gelangte er an eine ferne Küste. Er hörte, dass hinter der Küste eine große Wüste lag. Eine Karawane war wenige Tage zuvor losgezogen. Da gab Silbermond sein Schiff für ein Kamel und ritt los. Wochenlang zog er von Wasserstelle zu Wasserstelle. Schon war er der Karawane nahe gekommen, da gelangte er an eine Oase. Dort herrschte große Trauer. Die Männer der Karawane hatten einen jungen Mann geraubt. Den wollten sie in Ägypten als Sklaven verkaufen. Am folgenden Abend holte Silbermond die Karawane ein. Er gab all sein Gold hin und kaufte dafür den jungen Mann und ein Kamel. Darauf setzte er den Jungen und ließ ihn zu seiner Oase zurückkehren. Er selbst aber begleitete die Karawane bis nach Ägypten. Dort hörte er von einem neuen König, der im Judenland geboren worden sein sollte. Also zögerte er nicht und folgte dem Stern. Kaum aber hatte er das Judenland er-

reicht, da verblasste der Stern am Himmel. Überall fragte Silbermond nach dem König der Könige, doch keiner
konnte ihm eine genaue Auskunft geben.

Silbermond war schon viele Jahre unterwegs, als er eines
Tages in Galiläa in ein Dorf mit Namen Kana kam. Dort
wurde gerade eine Hochzeit gefeiert. Silbermond hatte
Hunger und bat um Brot. Der Küchenmeister wollte den
alten Bettler forttreiben, aber der Bräutigam lud Silbermond ein ins Haus zu kommen. Es war keine reiche
Hochzeit. Der Wein ging aus. Ja, die Braut trug nicht
einmal Brautschmuck. Silbermond sah, dass sie darüber
sehr traurig war. Da nahm er den Schmuck, den seine
Mutter ihm gegeben hatte, und legte ihn der Braut um
den Hals.

Jetzt war er ganz und gar arm, wirklich ein Bettler. Er
ging in den Garten. Die Diener kamen heraus und füll-
ten sechs große Krüge mit frischem Wasser. Silbermond
half ihnen das Wasser aus dem Brunnen zu schöpfen.
Die Diener trugen die Krüge wieder ins Haus. Da trat ein
Mann hinzu. Er war etwa 30 Jahre alt. Er sagte den Die-
nern, sie sollten dem Küchenmeister etwas von dem, was
in den Krügen war, zu kosten geben. Das taten sie. Au-
genblicklich kam der aus der Küche gerannt und rief:
»Was für einen herrlichen Wein habt ihr mir gebracht.«
Silbermond blickte zum Abendhimmel hinauf. Da
strahlte nach langen Jahren zum ersten Mal wieder der
weiße Stern hell und klar. Silbermond schaute auf den

Mann, dem sogar das Wasser gehorcht hatte und zu Wein geworden war. Er wusste mit einem Male ganz sicher, dass er am Ziel angekommen war. Er jubelte auf und rief: »Der, der die Sterne lenkt, der hat mich nicht in die Irre geführt.« Er schlich sich zu dem neuen König, berührte ganz heimlich sein Gewand, beugte seine Knie und huldigte ihm. Da erfüllte ihn eine große Freude ganz und gar und er rief aus: »Meine Augen haben das Heil geschaut!«

Quellenverzeichnis

Anderegg, Erwin: *Der Stern im Auge* aus: Christine Razum (Hrsg.), »Nach Bethlehem – wohin denn sonst? Weihnachtstexte aus unserer Zeit«, © Friedrich Reinhardt Verlag, Basel 1995.

Bergengruen, Werner: *Kaschubisches Weihnachtslied* aus: N. Luise Hackelsberger (Hrsg.), »›Gestern fuhr ich Fische fangen. . .‹. Hundert Gedichte«, © Arche Verlag AG, Raabe + Vitali, Zürich 1992.

Bolliger, Max: *Sollte es das Christkind gewesen sein?*, © Max Bolliger.

Buzzati, Dino: *Die Nacht des 24. Dezember,* © Dino Buzzati.

Capote, Truman: *Der silberne Krug* aus: ders., »Frühstück bei Tiffany und andere Erzählungen«, übersetzt von Liselotte Fassbinder, © Limes Verlag in der F. A. Herbig Verlagsbuchhandlung GmbH, München.

Chudozilov, Petr: *Die Spur im Schnee* aus: ders., »Zu viele Engel«, übersetzt von Susanna Roth, © Carl Hanser Verlag, München, Wien 1994.

Eschker, Wolfgang: *Peter und Vladimir,* © Wolfgang Eschker.

Fährmann, Willi: *Barbara und die Bergleute* aus: ders., »Als die Blüten den Winter besiegten«, © Willi Fährmann.

Fährmann, Willi: *Der große Frieden,* © Willi Fährmann.

Fährmann, Willi: *Roter König – weißer Stern,* © Arena Verlag GmbH, Würzburg 1991.

Fährmann, Willi: *Manchmal sprechen sie noch* aus: Hans Gärtner (Hrsg.), »Komm, Weihnachtsstern! Neue Geschichten für die ganze Familie«, © Willi Fährmann.

Fährmann, Willi: *Paco baut eine Krippe,* © Willi Fährmann.

Fährmann, Willi: *Mirjam,* © Willi Fährmann.

Fährmann, Willi: *Manuel hat gelacht,* © Willi Fährmann.

Fährmann, Willi: *Timofej, der Bilderdieb* aus: ders., »Timofej oder Der gestohlene Nikolaus«, © Arena Verlag GmbH, Würzburg 1995.

Fährmann, Willi: *Kaschek, mein Freund* aus: ders., »Unter der Asche die Glut«, © Arena Verlag GmbH, Würzburg 1997.

Fährmann, Willi: *Der Weihnachtswolf* aus: ders., »Unter der Asche die Glut, © Arena Verlag GmbH, Würzburg 1997.

Hasler, Eveline: *Die Weihnachtsschlacht*, © Eveline Hasler.

Henry, O.: *Die Gabe der Weisen*, © Elisabeth Schnack.

Jooß, Erich: *Schluss mit Weihnachten!*, © Erich Jooß.

Mainka, Iris: *Das Dumme an Weihnachten* (Originaltitel: Fährt Jesus Schlitten?) aus: DIE ZEIT, Nr. 50/1991

Melach, Anna: *Wer klopfet an?*, © Anna Melach.

Polgar, Alfred: *Der Maronibrater* aus: Marcel Reich-Ranicki (Hrsg.), Alfred Polgar, »Kleine Schriften, Bd.1«, © Rowohlt Verlag GmbH, Reinbek 1982.

Tschechow, Anton: *Wanka* aus: ders., »Erzählungen«, übersetzt von Kay Borowsky, © Philipp Reclam jun., Stuttgart.

Weinheber, Joseph: *Anbetung des Kindes*, © Joseph Weinheber Gesellschaft.

Wiemer, Rudolf Otto: *Der uralte Hirte von Bethlehem* aus: Christine Razum (Hrsg.), »Nach Bethlehem – wohin denn sonst? Weihnachtstexte aus unserer Zeit«, © Friedrich Reinhardt Verlag, Basel 1995.

Wir danken allen Lizenzgebern für die freundliche Zustimmung zum Abdruck dieser Geschichten.

Sollten, trotz intensiver Nachforschungen des Verlages, Rechteinhaber nicht ermittelt worden sein, so bitten wir diese sich mit dem Verlag in Verbindung zu setzen.